BIPOLARE STÖRUNG

EIN LEITFADEN ZUM VERSTÄNDNIS UND ZUR BEWÄLTIGUNG DER BIPOLAREN STÖRUNG

AMANDA ALLAN

CONTENTS

EINFÜHRUNG

Jeder Arzt oder medizinisches Fachpersonal kann eine psychische Erkrankung mit dem Wissen betrachten, das sie in ihrer langjährigen Praxis erworben haben, und Ratschläge für den Umgang damit geben, aber wie erkennt man als normaler, alltäglicher Mensch die Symptome und findet eine Behandlung? Wie erkennt man die Anzeichen für eine bevorstehende Kollision mit starken Stimmungsschwankungen, wochenlangem Schlafentzug und - was noch schlimmer ist - der Unkenntnis, wann man sich Hilfe holen sollte?

Menschen mit nicht diagnostizierter oder unbehandelter bipolarer Störung neigen dazu, in Zeiten erhöhter Emotionen nicht klar zu denken, was leider oft eine Spur der Zerstörung hinterlässt. Ihre Familienmitglieder können gestresst und verwirrt sein und sich fragen, warum sie sich so verhalten, obwohl es ihnen am Tag zuvor noch gut ging, und versuchen, die Scherben, die ihr geliebter Mensch hinterlassen hat, wieder zu kitten.

Dies ist nur eines von vielen Szenarien, mit denen jemand, der mit den Symptomen einer bipolaren Störung zu kämpfen hat, jeden Tag konfrontiert werden kann. Wenn die Symptome unbehandelt bleiben, kann das sowohl für die Betroffenen als auch für ihre Angehörigen beängstigend und manchmal gefährlich sein. Es gibt jedoch immer noch ein strahlendes Licht am Ende eines scheinbar dunklen und unmöglichen Tunnels. Die Genesung und die Kontrolle über die Symptome der bipolaren Störung sind mit der richtigen Behandlung, dem Willen zur Besserung und der Liebe und Unterstützung von Familie und Freunden möglich.

Dieses Buch ist kein Leitfaden für Ärzte und Krankenschwestern, der bis zum Rand mit umfangreicher medizinischer Terminologie und Fallstudien gefüllt ist, sondern vielmehr ein Hilfsmittel für diejenigen, die einfach nur versuchen, sich selbst zu lieben und zu unterstützen oder einem geliebten Menschen zu helfen, den Kampf gegen die bipolare Störung zu gewinnen.

KAPITEL 1: WAS IST EINE BIPOLARE STÖRUNG?

Die psychische Krankheit, die gemeinhin als bipolare Störung bezeichnet wird, ist in der Gesellschaft und in Fernsehsendungen in aller Munde, wird aber nur sehr selten richtig dargestellt. Man sieht jemanden, der sich irrational verhält und aus dem Weg geht, um Menschen zu verletzen, oder als Verdächtigen in einem brutalen Verbrechen. Diese Darstellungen verstärken nur die Stigmatisierung von Menschen, die bereits einen harten Kampf gegen ihr eigenes Gehirn führen. Wenn alle wüssten, was diese psychische Krankheit bedeutet und was die Betroffenen tatsächlich durchmachen, würden sie vielleicht diejenigen, die verzweifelt Hilfe suchen, mehr unterstützen und ermutigen.

Was genau ist eine bipolare Störung?

Bei der bipolaren Störung handelt es sich um eine oft schwere und lebenslange psychische Erkrankung, die vereinfacht ausgedrückt eine emotionale Achterbahnfahrt mit Höhen und Tiefen darstellt.

Das Auf und Ab auf dieser Achterbahn nennt man Manie und Depression. Die extremen Stimmungsschwankungen und der Tribut, den sie fordern, können sich auf jeden Bereich des Lebens eines Menschen auswirken. Sie beeinträchtigen die Qualität des Schlafs und das Energieniveau. Sie beeinträchtigen die Aufmerksamkeit und Konzentration und führen dazu, dass die Betroffenen nicht mehr klar denken können, was sich wiederum auf ihr Verhalten und ihr Urteilsvermögen auswirkt. All diese Aspekte können zu Problemen bei der Arbeit oder in der Schule sowie in persönlichen Beziehungen führen. Ihr Selbstvertrauen und ihr Selbstwertgefühl können leicht zerstört werden, was sich oft auch auf ihr soziales Leben auswirkt. Wenn Menschen nicht in der Lage sind, klar zu denken, können sie schlechte Entscheidungen treffen, die sie in finanzielle und rechtliche Probleme bringen können.

Jeder hat mindestens einmal in seinem Leben depressive Gefühle erlebt. Sie werden oft als anstrengende Gefühle von Traurigkeit und Einsamkeit wahrgenommen und beeinträchtigen in hohem Maße die Fähigkeit, trotz des inneren Wunsches, sozial und persönlich mit den Menschen um einen herum zu sein. Das Gefühl, eine Last zu sein, kann dazu führen, dass man sich am liebsten von der Gesellschaft abkapseln würde.

Die Manie liegt am anderen Ende des Stimmungs-Spektrums als die Depression. Es ist, als ob man 50 Energydrinks auf einmal trinkt und sich dann von einem Wolkenkratzer stürzt. Es ist, als würde man die ganze Nacht mit geschlossenen Augen im Bett liegen und darauf warten, dass die Sonne aufgeht, und trotzdem den Antrieb und die Energie haben, am nächsten Tag einen hektischen Tag voller Aktivitäten zu erleben. Es ist so aufregend, jemandem eine Geschichte zu erzählen, dass man vergisst, Luft zu holen. Es ist, wenn man drei Stunden am Stück trainiert und immer noch unendlich viel Energie übrig hat. Es ist das Herzrasen und die Unfähigkeit, still zu sitzen, wenn man versucht, sich zu entspannen. Es sind die zufälligen aufdringlichen Gedanken, die Ihre Gespräche in alle Richtungen lenken, nur nicht zu dem, worum es eigentlich geht. Manchmal können diese aufdringlichen Gedanken so extrem sein, dass sie Halluzinationen und Wahnvorstellungen hervorrufen. Manchmal werden die Gedanken so beängstigend, dass man zu seiner eigenen Sicherheit ins Krankenhaus eingeliefert werden muss. Nach jedem freien Fall gibt es einen Absturz, und so hoch wie dieser Wolkenkratzer war, so tief werden Sie fallen, wenn Sie auf den Boden der Tatsachen treffen. Die Zerstörung, die während des Sturzes angerichtet wurde, wird

Folgen haben, und manchmal wird der massive Schaden, der angerichtet wurde, Sie dort zurücklassen, um ihn zu beseitigen. Alleine. Hoffnungslos. Deprimiert.

Die Manie hat eine weniger intensive kleine Schwester, die Hypomanie. Die Intensität und der Schweregrad einer Hypomanie gelten als deutlich geringer als bei einer vollständigen manischen Episode. Auch die Wahrscheinlichkeit, in eine Psychose zu geraten, ist geringer als bei einer Manie. Die Hypomanie kann entweder die ersten Anzeichen einer vollständigen manischen Episode sein oder einen Übergang von einer manischen zu einer schweren depressiven Episode darstellen.

Die Symptome sind nicht immer offensichtlich, und die Manie und Depression sind nicht immer vorhanden. Je nachdem, wie hoch der Stresspegel der Person ist und wie gut sie ihre Symptome in den Griff bekommt, kann eine Person mit dieser psychischen Erkrankung lange Zeiträume ohne größere Stimmungsschwankungen durchleben. Zwischen diesen Episoden kann es immer noch zu Stimmungsschwankungen kommen, die jedoch nicht so stark sind.

Gibt es einen Unterschied zwischen einer bipolaren Störung und einer manischen Depression?

Die Antwort auf diese Frage lautet sowohl ja als auch nein. Manische Depression war die ursprüngliche Bezeichnung für die bipolare Störung, die bis ins antike Griechenland zurückreicht, wo sie zunächst zur Beschreibung der Symptome aller psychischen Erkrankungen verwendet wurde, die auf Emotionen oder Stimmungen zurückzuführen waren. Mit der Zeit wurde der Begriff "manisch" stigmatisiert und weniger klinisch. In den 1980er Jahren wurde die Diagnose offiziell in bipolare Störung umbenannt. Möglicherweise werden die medizinischen Begriffe synonym verwendet, aber die korrekte Bezeichnung ist bipolare Störung.

KAPITEL 2: WAS SIND DIE VIER ARTEN DER BIPOLAREN STÖRUNG?

Wenn Sie mit der bipolaren Störung vertraut sind, dann sind Sie höchstwahrscheinlich mit den Typen eins und zwei der bipolaren Störung vertraut. Das Wissen der Allgemeinheit über die bipolare Störung reicht jedoch nur bis zu den Typen eins und zwei. Nur wenige Menschen wissen, dass es eigentlich vier verschiedene Arten von bipolaren Diagnosen gibt, die alle ihre eigenen Arten von Stimmungsschwankungen und Symptomen haben. Für alle gibt es also unterschiedliche Anforderungen oder spezifische Kriterien, um eine richtige Diagnose zu erhalten.

Bipolare Störung eins

Jemand mit der ersten Form der bipolaren Störung hat mindestens eine manische Episode erlebt, gefolgt von einer hypomanischen oder depressiven Episode. Die Stimmungsschwankungen sind sehr auffällig und können extrem gefährlich werden, wenn die Person beginnt, den Prozess der Psychose zu beginnen. Eine Person, die an dieser Art von bipolarer Störung leidet, erlebt möglicherweise nie eine *schwere* depressive Episode, hat aber nach ihren manischen Episoden eine Depression.

Bipolare Störung zwei

Nur weil es sich bei dieser Art der bipolaren Störung um den Typ zwei handelt, heißt das nicht, dass es sich um eine weniger schwere oder mildere Form der Erkrankung handelt als bei Typ eins. Sie verursacht immer noch erhebliche Beeinträchtigungen im täglichen Leben der Betroffenen und ist eine völlig eigenständige Diagnose. Jemand mit einer bipolaren Störung des Typs 2 hat mindestens eine schwere depressive Episode und eine hypomanische Episode erlebt, die länger als zwei Wochen andauerte. Wenn die Person, die diese schweren depressiven Episoden erlebt, beschließt, ärztliche Hilfe in Anspruch zu nehmen, kann es sein, dass sie fälschlicherweise nur als depressiv diagnostiziert wird, weil es keine Manie gibt. Dies ist sehr häufig der Fall, und leider erhalten die Betroffenen nicht die Hilfe, die sie benötigen, weil sich die Behandlung nur auf die Depression und nicht auf die Depression und die Hypomanie konzentriert.

Zyklothymische Störung

Diese Störung ist gemeinhin als Zyklothymie bekannt und wird zur bipolaren Familie gezählt. Die Symptome sind weniger schwerwiegend als bei Bipolar eins und zwei und zeichnen sich durch viele depressive und hypomanische Episoden aus. Die Stimmungsschwankungen und -umschwünge sind im Vergleich zum normalen Verhalten der Person auffällig. Die Zyklothymie kann sehr schwer zu ertragen sein, wenn es einem ein paar Tage lang blendend geht und man am nächsten Tag zusammenbricht und sich schrecklich fühlt. Diese Störung kann den Tagesablauf der betroffenen Person durcheinander bringen und später zur Diagnose einer bipolaren Störung führen. Sie kann sich auch als Komorbidität mit einer Angststörung manifestieren.

Bipolare Störung "Sonstige spezifizierte" und "nicht spezifizierte"

Wenn jemand die Diagnose einer bipolaren Störung erhält, bedeutet dies, dass seine Symptome oder sein Verhaltensmuster nicht unbedingt den Kriterien einer bipolaren Störung (Bipolar 1, Bipolar 2 oder Zyklothymie) entsprechen. Sie erleben immer noch abnorme Stimmungsschwankungen oder -erhöhungen, aber ihre Symptome sind normalerweise mit anderen Problemen verbunden. Sie können diese abnormen Stimmungsschwankungen aufgrund von Alkohol- oder Drogenmissbrauchsstörungen verspüren. Bei manchen Menschen können auch andere Krankheiten wie Multiple Sklerose oder Morbus Cushing die Symptome verursachen. Die Symptome können eine Störung des täglichen Lebens verursachen, erfüllen jedoch nicht die Kriterien für eine spezifische Diagnose der bipolaren Störung.

KAPITEL 3: AUF WELCHE SYMPTOME IST ZU ACHTEN?

Die Warnzeichen einer bipolaren Störung sind weit mehr als extreme und irrationale Stimmungsschwankungen. Oft gibt es eine Reihe von Symptomen, bevor die erste schwere Stimmungsstörung überhaupt auftritt. Alle vier Arten der bipolaren Störung haben die gleichen Symptome. Es kommt nur darauf an, wie häufig jedes der Symptome auftritt und ob alle diese Symptome ein Verhaltensmuster bilden, das einem bestimmten Kriterium entspricht.

Manische und hypomanische Episoden

Ungewöhnlich fröhlich und sprunghaft

Während einer manischen Episode gilt eine Person als ungewöhnlich gut gelaunt. Manchmal scheint es, als hätten sie den ganzen Kaffee im Haus getrunken und sind ungewöhnlich nervös und aufgedreht. Manche Menschen beschreiben ihre Manie als außerordentlich energiegeladen, während andere ein extremes Maß an Reizbarkeit beschreiben. Manie bedeutet nicht immer, dass man überdreht und energiegeladen ist; sie kann auch mit Wut und einem ständigen Gefühl der Gereiztheit einhergehen.

Weniger Schlafbedürfnis

Mit fortschreitender Manie wird das Schlafbedürfnis immer geringer. Die Betroffenen beschreiben, dass ihr Gehirn die ganze Nacht umherwandert oder dass sie die ganze Nacht aufbleiben und an Projekten arbeiten, weil sie zu viel Energie haben, um einfach nur im Bett zu liegen. Die angefangenen Projekte werden selten fertig, weil etwas anderes ihre Aufmerksamkeit erregt, oder sie langweilen sich schnell und beginnen ein neues Projekt.

Ungewöhnlich gesprächig und flüchtige Gedanken

Jemand, der eine vollständige manische Episode erlebt, nutzt seine überschüssige Energie, um mehr als normal zu sprechen. Sie reden nicht nur übermäßig viel, sondern sprechen oft auch zu schnell, um verstanden zu werden. Ihre rasenden und flüchtigen Gedanken machen es schwierig, beim Thema des Gesprächs zu bleiben, und sie werden ständig von ihren eigenen Gedanken unterbrochen, was dazu führt, dass sie eine völlig andere Richtung einschlagen als das, was sie zuvor besprochen haben.

Stärker ausgeprägtes Suchtverhalten und Gefühle der Größe

Menschen, die bereits eine süchtige Persönlichkeit haben, können während einer manischen Episode einige süchtige Verhaltensweisen noch verlockender finden. Sie trinken vielleicht häufiger und in größeren Mengen als sie es normalerweise tun würden. Möglicherweise nehmen sie auch Drogen, wodurch sich ihre Symptome verstärken und länger andauern. Manche Menschen haben den Drang, auf Shoppingtour zu gehen und das Geld, das sie nicht haben, für Dinge auszugeben, die sie nicht brauchen. Sie kaufen wahllos teure Geschenke für alle, die sie kennen, und häufen auf diese Weise erhebliche Schulden an. Anstatt das fehlende Geld für Einkäufe auszugeben, entscheiden sich manche Menschen für das Glücksspiel. Sie verbringen Stunden im Kasino, bis sie keine andere Wahl mehr haben, als es zu verlassen, weil sie alles verloren haben. Ihr falsches Gefühl der Euphorie und ihr gesteigertes Selbstvertrauen lassen sie glauben, dass sie nicht aufhören müssen.

Riskante Verhaltensweisen und schlechte Entscheidungsfindung

Das ausgestellte Suchtverhalten geht Hand in Hand mit dem Symptom des Eingehens unkalkulierbarer Risiken und schlechter Entscheidungsfindung. Manchmal führen diese unkalkulierten Risiken dazu, dass jemand mit bipolarer Störung hypersexuell wird. Hypersexualität mit mehreren Partnern ist schon riskant genug, aber sie denken oft nicht daran, sich selbst zu schützen, und der fehlende Schutz hat oft unerwünschte Folgen. Manche Frauen werden schwanger, sobald ihre manische Episode vorbei ist, ohne zu wissen, wer der Vater ist, und andere müssen sich auf sexuell übertragbare Krankheiten und Infektionen testen lassen, weil sie sich bei sexuellen Aktivitäten nicht geschützt haben.

Halluzinationen und Wahnvorstellungen

Je länger eine manische Episode andauert, desto wahrscheinlicher ist es, dass eine Person in eine Psychose gerät, da sie nicht schlafen kann und ständig aufdringliche Gedanken hat. Die Halluzinationen und der Größenwahn können so extrem werden, dass die Person zu einer Gefahr für sich selbst und ihre Umgebung wird. In diesem Fall muss eine Einweisung in ein Krankenhaus erwogen und in aller Ruhe durchgeführt werden. Niemand möchte tagelang in einem Zimmer unter Beobachtung eingeschlossen sein, aber wenn es darum geht, entweder gefährlich zu leben oder wieder stabil zu werden, bin ich mir sicher, dass Ihre Angehörigen lieber sehen würden, dass Sie die Hilfe bekommen, die Sie brauchen. Alle oben genannten Symptome können in einer manischen oder hypomanischen Episode auftreten; eine vollständige manische Episode erfordert jedoch mindestens drei oder mehr dieser Symptome.

Depressive und schwere depressive Episoden

Die Kriterien für eine schwere depressive Episode unterscheiden sich von denen für eine vollständige manische Episode. Für eine manische Episode sind drei oder mehr Symptome erforderlich, sonst wird sie als hypomanische Episode eingestuft. Für eine schwere depressive Episode sind fünf oder mehr Symptome erforderlich, sonst handelt es sich nur um eine depressive Episode.

Die Symptome einer depressiven oder schweren depressiven Episode sind so, wie man sich eine Depression vorstellt. Die Betroffenen empfinden ein überwältigendes Gefühl der Traurigkeit und Hoffnungslosigkeit. Sie können schon bei den kleinsten Unannehmlichkeiten ungewöhnlich emotional werden und häufig weinen. Statt weinerlich oder tränenreich zu sein, können sie auch leichter gereizt werden. Die Reizbarkeit tritt häufiger bei Teenagern auf, die aufgrund der drastischen Hormonumstellung dazu neigen, sich häufiger über Dinge zu ärgern.

Verlust des Interesses an Hobbys und des Vergnügens an Aktivitäten

Dinge, an denen Sie früher gerne teilgenommen haben, interessieren Sie vielleicht nicht mehr. Die Fernsehsendungen, die Sie früher gerne mit Ihrer Familie angeschaut haben, sind langweilig und bedeutungslos geworden. Alle Projekte, die Sie während Ihres letzten Energieausbruchs oder Ihrer manischen Episode begonnen haben, sehen dumm aus, und Sie sind nicht in der Lage, sich hinzusetzen und sie zu beenden. Sie wollen keinen Sport treiben oder sich bewegen, eigentlich wollen Sie nichts tun, wofür Sie Ihr Bett verlassen müssten.

Signifikante Gewichtszunahme oder -abnahme

Das Gewicht kann sich während einer depressiven Episode in beide Richtungen entwickeln. Während manche Menschen während einer depressiven Episode unersättlich sind, verlieren andere ihren Appetit völlig. Die ständigen Essanfälle können zu einer erheblichen Gewichtszunahme führen, wodurch sich die Betroffenen noch schlechter fühlen. Auf der anderen Seite des Spektrums kann der Mangel an Energie, um aufzustehen und zu essen, die Appetitlosigkeit verschlimmern, was dazu führt, dass die Person eine große Menge an Gewicht verliert und sich krank fühlt, weil sie unterernährt ist.

Zu viel Schlafen oder Schlaflosigkeit

Genau wie das Gewicht kann auch der Schlaf in das eine oder andere Extrem ausschlagen. Der Gedanke an einen Schlafrhythmus verschwindet aus dem Fenster, wenn die Person einfach nur im Bett liegen und den ganzen Tag schlafen möchte. Auf der anderen Seite gibt es Menschen, die feststellen, dass ihre düsteren und deprimierenden Gedanken den Schlaf unmöglich machen, was zu chronischer Schlaflosigkeit führt. Es kann sogar eine Zeit geben, in der Sie beide

Symptome erleben. Es kann sein, dass Sie tagsüber zu viel schlafen, so dass Sie nachts nicht in der Lage sind, normal zu schlafen.

Unruhig oder merklich langsamer in der Bewegung

Depressionen können dazu führen, dass sich manche Menschen unruhig fühlen. Sie haben das Bedürfnis, aufzustehen und etwas zu tun, haben aber nicht die Energie dazu. Manche Menschen bemerken, dass das Leben während einer depressiven Episode langsamer zu verlaufen scheint als sonst. Diese Langsamkeit des Lebens führt dazu, dass sich die Betroffenen noch ruheloser und erschöpfter fühlen.

Übermäßige Gefühle unangemessener Schuldgefühle

Depressionen können dazu führen, dass Sie sich für alles und jedes, was in der Welt passiert, schuldig fühlen, selbst wenn es nicht Ihre Schuld ist. Es kann sein, dass Sie sich für alles Mögliche entschuldigen und das Gefühl haben, dass alles, was schief läuft, automatisch Ihre Schuld ist. Sich schuldig zu fühlen und sich für alles, was passiert, die Schuld zu geben, macht Sie nur noch schlimmer und kann Sie noch tiefer in die Depression stürzen.

Unentschlossenheit

Eine depressive Episode kann sogar einfache Entscheidungen kompliziert erscheinen lassen. Möchten Sie Huhn oder Rindfleisch zum Abendessen? Sie wissen es nicht. Sollen Sie heute rot oder blau tragen? Sie haben keine Ahnung. Dann fühlen Sie sich schuldig und hoffnungslos, weil Sie sich nicht einfach entscheiden konnten. Wenn es schon so schwer ist, sich für eine einfache Entscheidung zu entscheiden, wie schwer wird es dann erst sein, lebensverändernde Entscheidungen zu treffen? Wie kann ein Teenager entscheiden, ob er nach der Highschool aufs College gehen oder arbeiten will, wenn er sich nicht einmal entscheiden kann, was er an diesem Tag anziehen soll?

Isolation und das Gefühl, eine Last zu sein

Wenn Sie sich wertlos und wie ein Versager fühlen, haben Sie das Gefühl, dass Sie für alle in Ihrem Leben eine Last sind. Sie haben das Bedürfnis, sich zu isolieren, damit sie Ihre sinnlose Existenz nicht mehr ertragen müssen. Es ist einfacher, allein zu sein, als das Gefühl zu haben, dass Ihre Familie ihre Zeit mit dem Versuch verschwendet, Sie aufzumuntern. Es ist einfacher, sich die Decke über den Kopf zu ziehen, als sich anzuhören, wie Ihre Lieben Sie anflehen, sich die Hilfe zu holen, die Sie gar nicht verdient haben. Sie sind ihrer Sorgen und ihrer Liebe nicht würdig, das Leben ist in der Isolation einfach einfacher und ruhiger. Also sitzen Sie einfach im Dunkeln und lassen sich von Ihren überwältigenden Gefühlen überwältigen.

Selbstmordgedanken

Wenn jemand, der an einer schweren Depression leidet, ganz unten in seinem tiefen Loch angekommen ist, jeden von sich gestoßen hat und sich völlig isoliert hat, können Selbstmordgedanken auftreten. An diesem Punkt glauben sie, dass ihre Gefühle der Hoffnungslosigkeit und Wertlosigkeit wahr und richtig sind. Sie haben vielleicht das Gefühl, dass der Tod ihr einziger Ausweg aus dem inneren Schmerz ist, den sie täglich empfinden. Sie fangen vielleicht an, regelmäßig darüber nachzudenken, was dann oft dazu führt, dass sie einen Plan schmieden und schließlich versuchen, sich das Leben zu nehmen. An diesem Punkt ist ein Krankenhausaufenthalt in der Regel die einzige Möglichkeit, ihre Sicherheit und Genesung zu gewährleisten.

Symptome bei Kindern und Teenagern

Die Symptome einer bipolaren Störung sind bei Kindern und Jugendlichen schwieriger zu entschlüsseln. Für Eltern und Ärzte ist es schwierig zu entscheiden, ob die raschen Stimmungsschwankungen auf eine psychische Erkrankung zurückzuführen sind oder ob es sich nur um die Persönlichkeit oder die Hormonumstellung handelt. Kinder haben bereits ein Problem damit, unentschlossen zu sein und riskante Entscheidungen zu treffen. Woher sollen sie wissen, ob es sich um ein Verhaltensproblem, Unreife oder ein chemisches Ungleichgewicht handelt? Ärzte müssen in der Lage sein, ein Muster dieser Verhaltensweisen zu erkennen, um eine genaue Diagnose stellen zu können, so dass es einige Zeit dauern kann, bis ein Kind oder ein Jugendlicher eine bipolare Diagnose erhält.

KAPITEL 4: WIE WIRD EINE BIPOLARE STÖRUNG DIAGNOSTIZIERT?

Die bipolare Störung ist eine psychische Erkrankung, die Sie Ihr ganzes Leben lang begleitet, und der einzige Weg, um erfolgreich weiterzukommen, ist die richtige Behandlung. Der erste Schritt zu dieser Behandlung ist die richtige Diagnose.

Zeit für einen Checkup

Wie wird eine bipolare Störung diagnostiziert, damit eine Behandlung eingeleitet werden kann, sobald die ersten Anzeichen dafür vorliegen? Zunächst müssen Sie einen Termin mit Ihrem Hausarzt vereinbaren. Sie fragen sich sicher, warum Sie nicht einfach einen Therapeuten anrufen und einen Termin mit ihm vereinbaren, aber lassen Sie mich das erklären. Ihr Hausarzt wird Sie körperlich untersuchen und ein Gespräch führen, in dem er Sie nach Ihren Symptomen befragt. Ihr Arzt wird höchstwahrscheinlich einige Blutuntersuchungen anordnen. Die bipolare Störung wird in Ihren Bluttests nicht auftauchen, aber es wird auf andere Krankheiten getestet, die unbehandelt bleiben und sich auf Ihr Verhalten auswirken könnten, z. B. Schilddrüsenerkrankungen.

Nachdem Ihre Bluttestergebnisse vorliegen und andere Krankheiten ausgeschlossen wurden, kann Ihr Arzt Sie an eine psychiatrische Fachkraft überweisen. Eine psychologische Fachkraft, z. B. ein Psychologe oder Psychiater, wird

Sie zu Ihren Symptomen befragen und sich Ihre Verhaltensmuster notieren. Er wird Sie auch fragen, wie sich diese Symptome auf Ihr Leben auswirken und wie sie sich auf Ihr Leben auswirken.

Diagnose für Bipolar one

Eine bipolare Störung wird diagnostiziert, wenn eine manische Episode länger als eine Woche gedauert hat. Eine bipolare Störung kann auch diagnostiziert werden, wenn die Episode weniger als eine Woche gedauert hat, aber schwer genug war, um einen Krankenhausaufenthalt zu verursachen. Für diese Diagnose ist nicht unbedingt eine depressive Episode erforderlich, da für eine bipolare Störung nur eine vollständige manische Episode ausreicht, um die Kriterien zu erfüllen.

Diagnose für Bipolar zwei

Eine bipolare Störung zwei wird diagnostiziert, wenn eine schwere depressive Episode länger als zwei Wochen mit einer Hypomanie abwechselt. Denken Sie daran, dass für eine bipolare Störung zwei keine vollständige manische Episode erforderlich ist. Wenn jemand eine vollständige manische Episode erlebt, würde er die Kriterien für eine bipolare Störung mit einer sogenannten "gemischten" Episode erfüllen.

Diagnose für Zyklothymische Störung

Eine zyklothymische Störung oder Zyklothymie wird diagnostiziert, wenn jemand beständige, aber instabile Zyklen von depressiven und hypomanischen Episoden hat. Die Zyklen müssen mindestens zwei Jahre lang andauern; bei

Kindern und Jugendlichen wird die Diagnose jedoch bereits nach einem Jahr gestellt. Für eine korrekte Diagnose müssen die Perioden dieser instabilen Zyklen weniger als acht Wochen andauern.

Diagnose für bipolare Störung "Andere angegebene" oder "Nicht angegebene"

Die Diagnose der bipolaren Störung "Sonstige Angaben" ist ein wenig komplizierter. Menschen mit dieser Art erfüllen nicht die Kriterien für eine andere Art von bipolarer Störung, erleben aber Stimmungsschwankungen, die für sie als abnormal gelten. Ein Arzt wird sie genau beobachten, um sicherzustellen, dass ihre Symptome nicht zu einer bipolaren Störung vom Typ eins oder zwei werden.

Komorbide medizinische Bedingungen

Es gibt eine ganze Reihe von Erkrankungen, die mit der Diagnose einer bipolaren Störung einhergehen können. Einige der Störungen treten in anderen Teilen Ihres Körpers auf, während andere psychische Erkrankungen sind, die mit Ihren Symptomen einhergehen können.

Eine Angststörung ist eine häufige Diagnose, die mit einer bipolaren Störung einhergeht. Angstzustände können den Tagesablauf eines jeden Menschen beeinträchtigen und das tägliche Funktionieren einer Person mit bipolarer Störung noch mehr stören. Schlaflosigkeit ist ein Symptom von Angstzuständen, und die Schwierigkeit, angemessenen Schlaf zu finden, kann eine erhebliche Belastung für den Körper darstellen und eine manische Episode auslösen. Der zusätzliche Stress durch die Möglichkeit einer Panik- oder Angstattacke kann dazu führen, dass sich die Betroffenen während einer depressiven Episode noch mehr isolieren.

Eine Angststörung wird vielleicht nicht sofort diagnostiziert, aber Sie werden sich möglicherweise sensibler für Ihr Angstniveau fühlen, wenn Sie zusätzlich Medikamente einnehmen.

Essstörungen sind bei einer bipolaren Störung keine Seltenheit, da viele Menschen während einer depressiven Episode ängstlich oder besessen von der Menge der Nahrung sind, die sie zu sich nehmen. Viele Menschen, bei denen eine bipolare Störung diagnostiziert wurde, gelten als übergewichtig und sind anfälliger für Diabetes und Bluthochdruck. Das Gewicht kann zu einem Problem werden, wenn jemand während einer Depression zu Essanfällen neigt, oder als Nebenwirkung seiner Medikamente, wenn diese einen erhöhten Appetit verursachen. Bei anderen Menschen kann eine depressive Episode das Gegenteil bewirken und sie dazu veranlassen, ganz mit dem Essen aufzuhören, was dazu führt, dass sie in einem ungesunden Tempo eine erhebliche Menge an Gewicht verlieren. Die Besessenheit vom Gewicht setzt sich oft fort, bis andere medizinische Probleme wie Dehydrierung und Unterernährung auftreten, die eine weitere medizinische Behandlung erforderlich machen.

Die Aufmerksamkeitsdefizit-/Hyperaktivitätsstörung (ADHS) mag auf den ersten Blick keinen Zusammenhang haben, doch hat sich gezeigt, dass sie in der bipolaren Gemeinschaft sehr verbreitet ist. Die Unfähigkeit, sich aufgrund anderer Symptome zu konzentrieren, und die Überaktivität des Gehirns während einer manischen Episode sind das perfekte Rezept, um ADHS zu entwickeln.

Herzerkrankungen, Schilddrüsenprobleme und chronische Kopfschmerzen oder Migräne sind medizinische Probleme, die mit einer bipolaren Störung einhergehen können. Das Risiko, aufgrund von Überernährung fettleibig zu werden, kann sich auf die Gesundheit des Herzens auswirken und wird durch eine Funktionsstörung der Schilddrüse nur noch weiter verstärkt. Die Nebenwirkungen einiger Medikamente verursachen kardiovaskuläre Probleme, die zu chronischen Kopfschmerzen, Migräne und möglicherweise einem Schlaganfall führen können. Wenn die Behandlung bei Ihnen zu einer Gewichtszunahme führt, sollten Sie Ihren verschreibenden Arzt bitten, die Medikation zu ändern, bevor die Nebenwirkungen noch mehr Probleme für Sie verursachen.

KAPITEL 5: WAS SIND DIE URSACHEN UND RISIKOFAKTOREN DER BIPOLAREN STÖRUNG?

Die Symptome der bipolaren Störung scheinen aus dem Nichts zu kommen, aber was sind die Ursachen dafür, dass jemand tatsächlich diese psychische Krankheit hat? Wurden sie mit einer Veranlagung geboren und nach einer gewissen Belastung treten die Symptome einfach auf? Ist es etwas, das man unabsichtlich getan hat, das dazu geführt hat, dass sich diese Krankheit im Laufe der Zeit entwickelt hat? Gibt es bestimmte Risikofaktoren, die die Wahrscheinlichkeit einer ersten schweren Stimmungsstörung erhöhen können?

Die Ursachen

Die genaue Ursache dafür, warum eine Person eine psychische Krankheit wie die bipolare Störung entwickelt und nicht eine andere, ist noch unbekannt. Ärzte gehen davon aus, dass es eine Vielzahl kombinierter Faktoren sein könnten, die bei einer Person eine bipolare Störung hervorrufen. Einige dieser Faktoren könnten biologische Komponenten, genetische Veranlagung oder umweltbedingte Ursachen sein.

Könnte es biologisch sein?

Eine biologische Komponente könnte der Grund dafür sein, warum jemand eher bipolar ist als ein anderer. Die fehlerhafte Verdrahtung des Gehirns und die geringere Menge an chemischen Stoffen, die im Gehirn übertragen werden, können dazu führen, dass das Gehirn nicht in der Lage ist, die Stimmungsschwankungen zu regulieren. Diese Chemikalien sind allgemein als Neurotransmitter bekannt und bestehen aus Noradrenalin, Dopamin und Serotonin. Nach der Untersuchung des Unterschieds zwischen dem Gehirn einer Person mit bipolarer Störung und einer ohne diese Störung kamen die Ärzte zu dem Schluss, dass das Ungleichgewicht dieser Chemikalien eine Funktionsstörung im Gehirn verursacht.

Die Ärzte haben auch festgestellt, was mit dem Gehirn passiert, wenn die bipolare Störung unbehandelt bleibt. Je länger eine Person mit bipolarer Störung unbehandelt bleibt, desto mehr Schaden wird ihrem Gehirn mit jeder Stimmungsphase zugefügt. Jede manische und depressive Episode, die eine Person ohne Behandlung durchläuft, kann langfristige Probleme mit dem Erinnerungsvermögen, der Aufmerksamkeitsfähigkeit, der Fähigkeit, eine erfolgreiche Verbindung zur Außenwelt herzustellen, der Problemlösungsfähigkeit und der Verarbeitungsgeschwindigkeit, mit der sie neue Informationen aufnehmen und verstehen kann, verursachen. Die Folgen dieser langfristigen Beeinträchtigungen führen zu einer stärkeren Belastung des Gehirns und des Körpers und bewirken, dass Stimmungsschwankungen länger andauern, schwerwiegender werden und häufiger auftreten.

Könnte es an der Genetik liegen?

Eine Veranlagung für eine schwere psychische Erkrankung wie die bipolare Störung scheint sehr wahrscheinlich zu sein. Es ist bekannt, dass die Störung über Generationen von Familienmitgliedern weitergegeben wird. Es ist üblich, dass mehrere Verwandte ersten Grades in derselben Familie an einer bipolaren

Störung leiden. Es ist auch nicht ungewöhnlich, dass Zwillinge an einer bipolaren Störung leiden. Wenn bei einem Zwilling eine bipolare Störung diagnostiziert wurde, ist die Wahrscheinlichkeit, dass auch der andere Zwilling daran leidet, deutlich erhöht.

Könnte es an der Umwelt liegen oder an einer Kombination der drei Faktoren?

Selbst wenn jemand genetisch prädisponiert ist oder die biologischen Komponenten hat, um eine bipolare Störung zu entwickeln, heißt das nicht unbedingt, dass er sie auch bekommt. Bei der richtigen Kombination von Genetik, biologischen Beeinträchtigungen und Umweltstressoren kann es jedoch zu einem perfekten Sturm für eine schwere Stimmungsstörung kommen.

Welche Risikofaktoren könnten der erste Schritt auf dem Weg zu einer Stimmungsepisode sein?

Ein wichtiger Risikofaktor ist natürlich, dass ein Verwandter ersten Grades an einer bipolaren Störung leidet. Der Umgang mit hohem Stress, der zu schwer zu regulierenden Emotionen führt, kann jedoch einen Anstoß zu einer schweren Stimmungsstörung geben. Phasen hohen Stresses, die manchmal durch ein traumatisches Ereignis oder den Tod eines nahen Familienmitglieds oder eines Freundes verursacht werden, können jemanden tatsächlich über die Stränge schlagen lassen. Auch der Konsum von Drogen und Alkohol vergrößert die Wahrscheinlichkeit einer manischen oder depressiven Episode. Auch wenn die Ärzte nicht wissen, was genau die Ursache für eine bipolare Störung ist, können Sie, wenn Sie Ihre familiäre Krankengeschichte kennen und Ihre Stressbelastung in den Griff bekommen, genau auf mögliche Anzeichen oder Symptome achten.

KAPITEL 6: WIE WIRD DIE BIPOLARE STÖRUNG IN DER REGEL BEHANDELT?

Nach einer korrekten Diagnose der bipolaren Störung wird ein Behandlungsplan aufgestellt. Ein Behandlungsplan besteht aus so vielen Komponenten. Einige erfordern die Hilfe von medizinischen Fachleuten, andere wiederum erfordern, dass Sie die Arbeit selbst erledigen. Wenn Sie sich voll und ganz für Ihre Genesung einsetzen, bedeutet das nicht, dass es automatisch eine schnelle Lösung sein wird. Manchmal müssen die Medikamente neu eingestellt oder aufgrund von Nebenwirkungen gegen andere ausgetauscht werden. Manchmal kann eine Therapie dazu führen, dass Sie sich schlechter fühlen, bevor es Ihnen besser geht, aber die Behandlung durchzuhalten ist eine lebenslange Verpflichtung - auch wenn es manchmal schwierig wird.

Es ist äußerst wichtig, so bald wie möglich mit der Behandlung zu beginnen, da sich Ihre Symptome nur verschlimmern, je länger sie unbehandelt bleiben. Zu warten, bis es Ihnen besser geht, ist gefährlich und kann schwerwiegende Folgen für Ihre Gesundheit, Ihre Beziehungen und Ihre berufliche oder schulische Leistung haben.

Psychotherapie

Es gibt mehrere Arten von Psychotherapie, die im Rahmen eines Behandlungsplans für bipolare Störungen eingesetzt werden. Jede Art von Therapie konzentriert sich auf unterschiedliche Aspekte des Umgangs mit den Symptomen und deren Auswirkungen auf das tägliche Leben. Wenn Sie in der Lage sind auszudrücken, wie Sie sich fühlen und wie Sie mit diesen Gefühlen umgehen, können Sie Ihren Stresspegel wirksam senken und sicherstellen, dass Sie Fortschritte in Richtung Genesung machen.

Kognitive Verhaltenstherapie

Die kognitive Verhaltenstherapie (KVT) wird eingesetzt, um Ihre negativen Denk- und Verhaltensmuster in positive zu verwandeln. Sie bringt Ihnen bei, wie Sie Bewältigungsstrategien erkennen und anwenden können, um mit negativen Denk- und Verhaltensmustern umzugehen. Nachdem Sie die Muster erkannt und die Bewältigungsstrategien angewandt haben, sind Sie in der Lage, diese Muster zu durchbrechen und durch neue, positive Muster zu ersetzen. In einer Studie zeigten Menschen, die an CBT-Sitzungen teilnahmen, die jeweils länger als 90 Minuten dauerten, eine deutliche Verbesserung ihrer Stimmungsregulierung und des Abbaus destruktiver Verhaltensmuster.

Familienzentrierte Therapie

Bei der familienorientierten Therapie geht es nicht immer nur um die Familie, wie der Name vermuten lässt. Vielmehr wird diese Art der Therapie als pädagogische Ressource genutzt, die der Betroffene und seine Angehörigen nutzen können, um sich über psychische Erkrankungen zu informieren und einen Behandlungsplan aufzustellen. Obwohl der Therapeut sich auf den Patienten mit bipolarer Störung und die Symptome, die er zeigt, konzentriert, ist er auch offen für Beiträge von Familienmitgliedern oder engen Freunden, die der Patient möglicherweise nicht bemerkt oder sich nicht traut, sie laut auszusprechen. Wenn Sie sich selbst und

Ihre Familienmitglieder über die Komplexität der bipolaren Störung und ihre Symptome aufklären, ist die Wahrscheinlichkeit einer erfolgreichen Behandlung und Genesung größer.

Elektrokonvulsionstherapie

Die Elektrokrampftherapie (EKT), auch Elektroschocktherapie genannt, ist eine Behandlungsform, die nur sehr selten eingesetzt wird. Sie wurde als Kurzzeitbehandlung für Menschen mit bipolarer Störung eingesetzt, die extrem selbstmordgefährdet sind oder eine vollständige manische Episode durchleben. Die EKT wird nicht nur bei Personen eingesetzt, die eine vollständige manische Episode haben, sondern auch bei Personen, die auf eine Reihe von Behandlungen nicht angesprochen haben. Patienten, die eine EKT benötigen, haben keine Fortschritte bei der medikamentösen Behandlung der Symptome ihrer Manie oder schweren depressiven Episode gemacht, oder die Symptome sind so gefährlich für sie selbst und andere geworden, dass sie nicht warten können, bis die Medikamente ihre volle Wirkung entfalten.

Während der Behandlung verwendete Medikamente

Neben einer Psychotherapie kann Ihr Behandlungsplan eine bestimmte Art von Medikamenten oder eine Kombination aus mehreren verschiedenen Medikamenten enthalten. Diese Medikamente fallen in drei verschiedene Kategorien: Stimmungsstabilisatoren, Antipsychotika und Antidepressiva. Die Medikamente oder Medikamentenkombinationen, die Sie täglich einnehmen, werden nach ihrer Wirkung auf die Verringerung der Schwere Ihrer Symptome ausgewählt. Auch die Nebenwirkungen werden berücksichtigt, und es kann sein, dass Sie Ihre Medikamente einige Male wechseln müssen, bevor Sie und Ihr Arzt die für Sie am besten geeignete Kombination finden.

Stimmungsstabilisatoren

Der Zweck eines Stimmungsstabilisators bei der Behandlung einer bipolaren Störung besteht darin, die manischen und depressiven Episoden zu behandeln und zu verhindern, unter denen die Person häufig leidet. Wie der Name schon sagt, dienen sie der Stabilisierung und Regulierung der Stimmungslage einer Person. Medikamente wie Lithium werden zur Behandlung von bipolaren Störungen und Stimmungsschwankungen eingesetzt, um einen Rückfall der Symptome zu verhindern. Es hat sich auch gezeigt, dass Lithium das Selbstmordrisiko bei Menschen mit bipolarer Störung senkt.

Einige Medikamente werden allein oder in Kombination mit anderen Medikamenten zur Behandlung schwieriger Stimmungsschwankungen eingesetzt. Der Stimmungsstabilisator Carbamazepin wird häufig zur Behandlung der extremen Symptome der Manie eingesetzt, die normalerweise während des Rapid-Cycling-Prozesses auftreten. Lamotrigin wird zur Behandlung aller bipolaren Typ-1-Symptome eingesetzt, wird aber speziell zur Behandlung von Menschen mit Symptomen einer bipolaren Depression verwendet.

Antipsychotika

Der Einsatz von Antipsychotika zur Behandlung sowohl manischer als auch depressiver Symptome und Episoden kann entweder langfristig oder kurzfristig erfolgen, je nachdem, wie stark und häufig die Person diese Symptome aufweist. Sie können kurzfristig zur Behandlung und Bewältigung manischer Symptome oder langfristig bei Menschen eingesetzt werden, die auf andere Stimmungsstabilisatoren nicht ansprechen. Wie der Begriff "Antipsychotikum" schon sagt, besteht der Zweck dieses Medikaments darin, die psychotischen Symptome zu behandeln, die häufig während einer manischen, depressiven oder gemischten Episode auftreten. Einige Antipsychotika stabilisieren nachweislich die Stimmungslage und wirken als Beruhigungsmittel für Menschen mit Schlaflosigkeit oder starker Unruhe.

Sie dienen auch der Regulierung der Hirnfunktion in Bezug auf Problemlösung, klares und scharfsinniges Denken und Aufmerksamkeit für Details. Antipsychotika wirken schnell im Körper, um positive Denkmuster zu regulieren und destruktive Verhaltensweisen zu unterbinden, die auf manische Episoden zurückzuführen sind. Die Vorteile von Antipsychotika kommen jedoch nicht ohne unerwünschte Nebenwirkungen aus. Einige dieser Medikamente führen zu Gewichtszunahme, erhöhtem Appetit und erhöhtem Cholesterinspiegel, während andere Muskelzittern und Schläfrigkeit hervorrufen können. Wenn die Nebenwirkungen unerträglich werden, sollten Sie sich an Ihren Arzt wenden, um herauszufinden, ob ein anderes Medikament für Sie geeignet ist, ohne dass die Nebenwirkungen auftreten.

Antidepressiva

Antidepressiva sind ein optionales Medikament zur Behandlung von Depressionen, die häufig mit bipolaren Störungen einhergehen. Manchmal, die Stimmung Stabilisatoren, die vorgeschrieben sind, um speziell mit bipolaren Depression sind nicht genug, und ein Antidepressivum muss als auch vorgeschrieben werden. Allerdings sind Antidepressiva mit Vorsicht verschrieben für jemanden, der bipolaren Störung Typ eins hat, weil sie eine manische Episode verursachen können. Ihr Arzt wird bei der Verschreibung von Antidepressiva sehr vorsichtig sein und Ihnen strikte Anweisungen geben, ihn sofort anzurufen, wenn nach Beginn der Behandlung manische oder psychotische Symptome auftreten.

Die Bedeutung von Medikamenten

Medikamente sind ein sehr wichtiger Bestandteil Ihres Behandlungsplans, und nur wenn Sie sie wie vorgeschrieben einnehmen, werden sie Ihnen helfen, sich besser zu fühlen. Viele Menschen versuchen, die Medikamente abzusetzen, wenn sie sich besser fühlen, und reden sich ein, dass sie keine Hilfe mehr brauchen oder allein zurechtkommen. Das Absetzen der Medikamente ohne ärztliche Aufsicht ist in der Regel äußerst gefährlich und führt dazu, dass die Symptome zurückkehren und sich verschlimmern. Wenn Sie Ihre Medikamente auf einmal absetzen, können Entzugserscheinungen auftreten, die dazu führen, dass Sie sich körperlich krank und geistig instabil fühlen.

KAPITEL 7: ALTERNATIVE BEHANDLUNGSMETHODEN ZUR BEWÄLTIGUNG VON SYMPTOMEN

Während Sie Ihre Symptome der bipolaren Störung auf der medizinischen Front zu behandeln, gibt es auch einige alternative Behandlungen, die zu Hause und in Ihrem täglichen Leben verwendet werden können, um Ihre Symptome zu verwalten. Diese Behandlungen sollen die medizinische Behandlung nicht ersetzen, sondern Ihre Genesung weiter voranbringen, in der Hoffnung, einen Rückfall zu verhindern. Wie bereits erwähnt, ist die bipolare Störung eine ernste, lebenslange Erkrankung, deren Behandlung aufgrund der Notwendigkeit, zwei verschiedene Arten von Symptomen zu behandeln, sehr komplex ist. Diese alternativen Behandlungsmethoden können zusammen mit der ärztlich verordneten Behandlung eingesetzt werden, um die Symptome von Manie und Depression weiter zu reduzieren und zu verhindern.

Vitamine zur Förderung des allgemeinen Wohlbefindens

Die Einnahme von Medikamenten und die Teilnahme an einer Therapie sind für eine erfolgreiche Genesung und die Vorbeugung von Rückfällen unerlässlich, aber es ist auch wichtig, sich für die eigene Gesundheit einzusetzen und seinen Teil dazu beizutragen, dass die Behandlung funktioniert. Die Einnahme von Vitaminen ist vielleicht keine lebensrettende Behandlung, aber sie ist eine Alternative, um die Symptome zu lindern, die durch Manie und Depression verstärkt werden.

Omega-3-Fischöle

Omega-3-Fischöl wird häufig zur Unterstützung der Herzgesundheit und zur Vorbeugung von Arthritis, insbesondere bei älteren Menschen, eingesetzt. Es ist in Kabeljau, Lachs, Thunfisch und anderen Fischsorten enthalten oder kann als tägliches Ergänzungsmittel in Form von Pillen oder Gummibärchen eingenommen werden. Fischöl kann jedoch noch viel mehr als nur das Herz unterstützen und die durch Arthritis ausgelösten Entzündungen reduzieren. Für jemanden, der an einer bipolaren Störung leidet, kann es helfen, die Stimmung zu stabilisieren und die Konzentration und das klare Denken zu fördern. Fischöl kann auch den Schweregrad Ihrer Depressionssymptome verringern und die Dauer einer depressiven Episode verkürzen.

Vitamine B1 und B12

Es gibt so viele verschiedene Arten von B-Vitaminen, dass es fast unmöglich ist, den Überblick zu behalten, welche Art von Vitamin welchen Nutzen hat. Für Menschen mit bipolarer Störung sind die besten B-Vitamine, auf die man sich konzentrieren sollte, B1 und B12. Vitamin B1 hilft, die Gefühle von Angst und Reizbarkeit, die oft begleitet bipolare Störung, vor allem diejenigen, die mit der Komorbidität einer Angststörung diagnostiziert werden zu erleichtern.

Menschen, die einen B12-Mangel in ihrem Körper haben, können mehr als andere Probleme mit ihrem Energieniveau, ihrer Stimmungsregulierung und schwereren manischen und depressiven Episoden haben. Während eine ausgewogene Ernährung den Mangel beheben kann, kann eine zusätzliche

Nahrungsergänzung auch einen dringend benötigten Energieschub bringen, der Ihnen hilft, den Tag zu überstehen und Ihre Stimmung zu stabilisieren.

Magnesium

Menschen mit bipolarer Störung haben auch oft einen Mangel an einem Vitamin namens Magnesium. Dieser Mangel kann zu mehr Angst, Reizbarkeit und Schlaflosigkeit während einer manischen Episode führen. Magnesium wird auch zur Behandlung von angstbedingten Tics eingesetzt, indem es den Körper und seine Nerven entspannt. Dieses Vitamin kann mit einer ausgewogenen Mahlzeit und durch die tägliche Einnahme von Nahrungsergänzungsmitteln in den Körper aufgenommen werden.

Zu vermeidende Ergänzungsmittel und Vitamine

Nicht alle Vitamine sind gleich, vor allem wenn es um die Behandlung bestimmter bipolarer Symptome geht. Das Letzte, was Sie tun wollen, ist, Ihre Symptome zu verschlimmern, wenn Sie versuchen, sie zu lindern. Das Ergänzungsmittel Ginkgo biloba verbessert nachweislich das Kurzzeitgedächtnis und die Konzentration, kann aber auch bestimmte bipolare Medikamente unwirksam machen. Wenn Sie Ihre Medikamente unwirksam machen, schadet das nur Ihren Fortschritten und könnte zu einem Rückfall Ihrer Symptome führen.

Die Ergänzung, Johanniskraut kann Wunder wirken für Menschen, die Antidepressiva zur Bekämpfung der Symptome der Depression sind, sollte aber mit äußerster Vorsicht für jemanden mit bipolarer Störung verwendet werden. Genau wie ein verschreibender Arzt hat zu üben extreme Vorsicht bei der Zugabe eines Antidepressivums zu einem bipolaren Medikamentenregime, das Ergebnis der Verwendung dieser Ergänzung könnte eine vollständige manische Episode sein.

Meditation

Meditation wird seit Jahrhunderten praktiziert, um die Vorteile von Achtsamkeit und Ganzkörperentspannung zu nutzen. Die tiefe Atmung und positive Affirmationen zum Abbau von Ängsten und zur Änderung negativer Denkmuster haben sich für Millionen von Menschen auf der ganzen Welt als nützlich erwiesen. All diese Vorteile sind großartig, aber wie kann es jemandem mit einer bipolaren Störung helfen, seinen Körper zu entspannen und schöne Dinge über sich selbst zu sagen? Forscher haben zahlreiche Studien durchgeführt, und obwohl sich die Studien nicht auf alle Symptome der bipolaren Störung konzentrierten, hat sich gezeigt, dass Meditation und Achtsamkeit bei vielen Menschen eine deutliche Verbesserung der Angst- und Depressionssymptome bewirken. Während einer depressiven Episode still zu sitzen und positiv über sich selbst zu denken, scheint keine leichte Aufgabe zu sein, aber wenn Sie Ihrem Körper beibringen, sich zu entspannen und in der Gegenwart zu leben, können Sie Ihre Gefühle der Hoffnungslosigkeit überwinden. Wenn Sie Ihre Aufmerksamkeit auf Ihre Atmung und die körperlichen Empfindungen der Entspannung in Ihrem Körper richten, können Sie die Zügel der täglichen Schuldgefühle, die Sie ständig plagen, lockern. Wenn Sie die Fähigkeit erlangen, Ihren überreizten und angespannten Körper zu entspannen, können Sie das Gefühl des inneren Friedens in Ihrem Gehirn hervorrufen, statt des ewigen Chaos, an das Sie sich gewöhnt haben.

Meditation ist keine einmalige schnelle Lösung für jemanden mit einer bipolaren Störung, noch ist sie eine schnelle Lösung für jemanden, der nicht an der Krankheit leidet. Wenn Sie die Praxis der Achtsamkeit in Ihren Tagesablauf einbauen, lernen Sie, wie Sie Ihre natürlichen Impulse, ständig auf der Flucht zu sein, entspannen können. Wenn Sie Ihrem Körper beibringen, dass er in der Lage ist, sich geistig und körperlich entspannt und weniger ängstlich zu fühlen, kann sich Ihre Schlafqualität verbessern und die Häufigkeit und Schwere der Schlaflosigkeit verringert werden. Die Vorteile stellen sich mit der Zeit ein, genau wie bei einer medizinischen Behandlung. Entscheidend ist, dass Sie geduldig sind und den Willen haben, sich zu bessern.

Warum eignet sich Meditation hervorragend zur Linderung von Symptomen?

Der Grund dafür, dass Meditation eine so großartige alternative Behandlungsmethode zur Linderung Ihrer Symptome ist, liegt in den vier Hauptkomponenten der Meditation: Umgebung, Körperhaltung, Aufmerksamkeit und Einstellung. Die Umgebung, die für eine erfolgreiche Meditation erforderlich ist, muss ein ruhiger Ort sein, an dem die Person ungestört sein kann. Menschen mit einer bipolaren Störung haben Schwierigkeiten, sich auf die bevorstehende Aufgabe zu konzentrieren, wenn es Ablenkungen gibt, so dass die Beseitigung aller Ablenkungen den Stress der Konzentration in eine andere Richtung nimmt.

Die für die Meditation erforderlichen Körperhaltungen sind nicht einschränkend, sondern bequem. Bei einer bipolaren Störung kann es schwierig sein, sich wohl zu fühlen, und man hat immer das Bedürfnis, sich zu bewegen, um dieses Gefühl zu spüren. Sich auf das zu konzentrieren, was Sie bequem macht und was Ihnen hilft, Ihren Körper zu entspannen, kann helfen, das unruhige Gefühl des Bedürfnisses, aufzustehen und sich zu bewegen, zu lindern.

Während der Meditation ist Ihre Aufmerksamkeit auf Ihren Atem gerichtet. Anfangs werden Sie vielleicht feststellen, dass Ihre Gedanken umherwandern, aber mit der Zeit werden Sie lernen, diese Eindringlinge zu stoppen und Ihre Aufmerksamkeit wieder auf Ihre Atmung zu richten. Wenn Sie in der Lage sind, Ihre rasenden Gedanken zu stoppen und Ihre Aufmerksamkeit auf das zu richten, worauf Sie sich konzentrieren sollten, zeigt das Ihrem Gehirn, dass Sie die Kontrolle haben, und mit der Zeit werden Sie und Ihr Geist anfangen, daran zu glauben. Sie werden sich daran erinnern, dass Sie die Macht über Ihre Gedanken haben, wenn negative Denkmuster ihren hässlichen Kopf in Ihre Richtung recken. Sie werden lernen, wie Sie Ihre negativen Gedanken und Emotionen in den Griff bekommen und diese Energie nutzen können, um produktiv und positiv zu sein. Wenn Sie sich während einer friedlichen Meditation auf Ihre Emotionen und Ihre positiven Affirmationen konzentrieren, richtet sich Ihre Aufmerksamkeit auf die Gegenwart und nicht auf die Ängste der Zukunft oder die Folgen der Vergangenheit.

Die letzte Komponente der achtsamen Meditation ist die Einstellung. Der Umgang mit einem Gehirn voller negativer Gedanken über Ihr Leben und sich selbst kann eine echte Belastung für Ihre Gefühle und Ihre Einstellung sein. Es ist schon schwer genug, sich täglich von anderen beschimpfen zu lassen, aber wenn es die eigenen Gedanken sind, wie kann man da erwarten, dass man eine positive Einstellung hat? Wenn Sie sich selbst positive Dinge sagen und ein Gefühl der Offenheit und Akzeptanz gegenüber Ihrem Zustand entwickeln, kann dies zu einer besseren Einstellung führen. Wenn Sie Ihren Emotionen und negativen Gefühlen einen Platz geben, an dem sie akzeptiert werden, ohne sich selbst zu verurteilen, entsteht ein offener Raum, in dem Sie sich nicht mehr dafür schämen müssen, Sie zu sein und Fehler zu haben.

Meditation für Anfänger

Der erste Schritt beim Erlernen der Meditation besteht darin, einen ruhigen Ort zu finden. Es gibt Orte, an denen Gruppenmeditation praktiziert wird, z. B. Yogazentren oder Sportvereine, oder Sie können bei sich zu Hause üben. Wenn Sie es vorziehen, an einer Gruppenmeditation teilzunehmen, kann Ihnen

Ihr Behandlungsteam eine Liste von Zentren geben, die regelmäßige Sitzungen anbieten. Es gibt auch zahlreiche Apps für Ihr Handy, die Ihnen geführte Meditationen anbieten, die Sie bequem in Ihrem Schlafzimmer oder Wohnzimmer genießen können, wo auch immer Sie Ihren ruhigen Ort gewählt haben. Manche Menschen finden Gefallen daran, sich in einer Ecke ihres Hauses einen gemütlichen Platz einzurichten. Sie füllen ihren kleinen Raum mit bequemen Decken, Kissen, Klanggeräten und ätherischen Ölen, die sie entspannen. Was auch immer Sie entspannt und in die Lage versetzt, 10 bis 15 Minuten lang ohne Unterbrechung zu meditieren, ist perfekt für eine erfolgreiche Meditation. Stellen Sie Ihr Telefon auf lautlos, schalten Sie den Fernseher aus und erlauben Sie sich einfach, ohne jegliche Ablenkung präsent zu sein. Sie müssen aus Ihrem Standort keine große Sache machen oder eine theatralische Vorstellung abziehen. Suchen Sie sich einfach einen Liegestuhl oder ein Bett, in dem Sie sich entspannen können. Wenn Sie beim Meditieren im Bett zu müde werden, wählen Sie einen anderen Ort, der es Ihnen erlaubt, sich das nächste Mal aufzusetzen. Legen Sie Ihre Hände bequem in den Schoß und atmen Sie tief ein, bevor Sie beginnen.

Apropos Komfort: Achten Sie darauf, dass Ihre Kleidung leicht und nicht einschränkend ist. Sie müssen nicht unbedingt spezielle Kleidung kaufen - eine Jogginghose und ein übergroßes T-Shirt reichen völlig aus. Wenn Sie während Ihrer Mittagspause auf der Arbeit meditieren, können Sie Ihre Schuhe ausziehen und Ihren Gürtel oder Ihre Krawatte lockern. Es ist schwierig, sich auf Entspannung und tiefe Atmung zu konzentrieren, wenn man sich eingeengt und unwohl fühlt.

Der zweite Schritt ist die Entscheidung, woran Sie an diesem Tag arbeiten wollen. Fühlen Sie sich durch Ihre negativen Gedanken noch deprimierter? Fällt es Ihnen schwerer, sich auf die vor Ihnen liegende Aufgabe zu konzentrieren als sonst? Wenn Sie vor der Meditation wissen, welche Absichten Sie haben, können Sie die richtigen Mantras und positiven Affirmationen verwenden.

Als Nächstes schließen Sie Ihre Augen und folgen den Schritten Ihrer geführten Meditation. Sie können damit beginnen, sich auf Ihren Atem zu konzentrieren oder Ihre Muskeln zu entspannen. Anfänger können damit rechnen, dass ihre

Gedanken abschweifen. Denken Sie einfach daran, diese flüchtigen Gedanken zu unterbrechen und sich wieder auf Ihren Atem zu konzentrieren. Machen Sie sich keine Sorgen, dass Sie es falsch machen oder dass Sie nicht in der Lage sind, lange still zu sitzen. Wenn Sie jeden Tag üben, werden Sie schnell Fortschritte machen!

Eine einfache Technik, um mit der Entspannung zu beginnen, ist der Körperscan. Schließen Sie die Augen und scannen Sie langsam Ihren gesamten Körper, beginnend bei der Stirn und endend bei den Zehenspitzen. Konzentrieren Sie sich auf die Teile Ihres Körpers, die sich angespannter anfühlen als andere, und stellen Sie sich vor, wie sie sich entspannen. Der Zweck des Körperscans ist es, Ihre Gedanken in die Gegenwart zu bringen und zu bemerken, wie sich der Stress auf Ihren Körper auswirkt.

Beginnen Sie, sich noch mehr auf Ihre Atmung zu konzentrieren. Achten Sie darauf, wie sich Ihr Körper anfühlt, wenn er atmet und sich Ihre Lungen mit Luft füllen, und dann auf das Gefühl, diese Luft wieder auszustoßen. Richten Sie Ihre Aufmerksamkeit auf die körperliche Empfindung, wie sich Ihre Lunge während der Pause zwischen den Atemzügen anfühlt. Ihr Körper weiß, wie er automatisch atmet, ohne dass Sie ihn ständig daran erinnern müssen. Versuchen Sie also nicht zu kontrollieren, wie Sie atmen, sondern achten Sie einfach auf den natürlichen Rhythmus.

Sobald Sie entspannt sind, beginnen Sie damit, Ihre positiven Affirmationen oder Mantras aufzusagen, die sich auf Ihre Absichten beziehen. Der Grund, warum Sie Mantras und Affirmationen während der Meditation verwenden, ist, dass Sie sich mit Ihrer Hauptabsicht und dem, was Sie ändern wollen, verbinden, so dass Sie diese positiven Gedanken und Absichten den ganzen Tag über tragen können. Mantras wie "Ich kontrolliere meine Emotionen, sie kontrollieren nicht mich" oder "Ich bin stärker als meine Depression" verbinden Sie mit Ihren Gefühlen und dem, was Sie sich wünschen, dass es wahr ist. Je öfter Sie diese Mantras im Laufe des Tages in Momenten unangenehmer Emotionen aufsagen, desto mehr werden Sie anfangen, sie zu glauben.

Nachdem Sie 10 bis 15 Minuten meditiert haben, stehen Sie auf und beginnen Ihren Tag mit einem neuen Gefühl von Sinn und Verbundenheit mit der Welt um Sie herum. Wenn Sie feststellen, dass Sie sich im Laufe des Tages gestresst fühlen, wiederholen Sie Ihre Mantras und atmen Sie ein paar Mal tief durch. Der Rest der Welt kann warten, während Sie Ihre Gedanken sammeln.

Verschiedene Arten von Therapien

Lichttherapie

Für Menschen mit bipolarer Störung kann es sehr schwierig sein, einen gleichmäßigen Schlafplan einzuhalten. Sie können während einer depressiven Episode zu viel schlafen und während einer manischen Episode überhaupt nicht schlafen. Die Inkonsistenz in Bezug auf die Menge und Qualität des Schlafs kann sich auf die biologische Uhr auswirken. Die innere Uhr, die normalerweise anzeigt, wann es Zeit ist, schlafen zu gehen, und wann es Zeit ist, aufzuwachen, ist durcheinander geraten und kann die Signale des Körpers nicht mehr unterscheiden. Die Lichttherapie wurde entwickelt, um diese innere Uhr wieder in Gang zu setzen, indem man sie über einen längeren Zeitraum hinweg zeitlich begrenzter Helligkeit und Dunkelheit aussetzt. Diese Neueinstellung der biologischen Uhr des Patienten erzwingt eine Änderung des Schlafrhythmus, so dass der Patient jede Nacht einen qualitativ hochwertigen Schlaf erhält, was wiederum die Belastung des Körpers verringert und die Behandlung der bipolaren Symptome verbessert.

Zwischenmenschliche und soziale Rhythmustherapie

Das Hauptziel der interpersonellen und sozialen Rhythmustherapie besteht darin, Ihnen beizubringen, wie Sie einen regelmäßigen Zeitplan einhalten können. Dazu gehört die Erstellung eines konsistenten Zeitplans, wann Sie essen, schlafen, Sport treiben, zur Arbeit gehen, meditieren und so weiter. Die Erstellung und Beibehaltung eines vorhersehbaren Zeitplans reduziert den Stress und verbessert das tägliche Funktionieren der Gewohnheiten, die durch die bipolare Störung tendenziell gestört werden.

Ein Schlafrhythmus besteht aus Ihrer nächtlichen Routine, was Sie vor dem Schlafengehen tun. Vielleicht essen Sie um acht Uhr abends einen kleinen Snack, duschen 15 Minuten später und sind um neun Uhr im Bett, damit Sie um sieben Uhr morgens aufwachen und sich für die Arbeit fertig machen können. Ihr Körper wird sich anfangs vielleicht wehren, aber wenn Sie Ihren Zeitplan Tag für Tag einhalten, werden Sie ein Gefühl der Stabilität entwickeln.

Die Erstellung eines Essens- und Ernährungsplans nimmt Ihnen das Rätselraten ab, was Sie wann essen sollen. Wenn man weiß, wann man eine Mahlzeit zu sich nehmen muss, und wenn man die Mahlzeit vorbereitet hat, läuft der Tag ein wenig reibungsloser ab. Wenn man eine Mahlzeit für mehrere Tage im Voraus vorbereitet, ist es einfacher, ausgewogene, nährstoff- und vitaminreiche Mahlzeiten zu essen, als sich am Drive-In zu bedienen oder sich mit dem zu begnügen, was man in der Küche finden kann.

Wenn Sie Bewegung in Ihren Tagesablauf einbauen, hat das viele Vorteile. Sportliche Betätigung senkt das Risiko, übergewichtig zu werden und Typ-2-Diabetes zu entwickeln, der durch eine medikamentenbedingte Appetitsteigerung hervorgerufen werden kann. Bewegung fördert eine ausgeglichene Stimmung, indem sie die überschüssige Energie und Reizbarkeit einer manischen Episode verbrennt oder den Serotoninspiegel anhebt, wenn Sie sich deprimiert fühlen.

Eine stabile und ausgewogene Routine lässt Ihr Leben vielleicht banal und vorhersehbar erscheinen, aber Vorhersehbarkeit hilft, Ihr Stressniveau zu kontrollieren und zu senken. Je geringer Ihr Stresspegel ist, desto besser können Sie Ihre Symptome kontrollieren, um einen Stimmungsumschwung zu verhindern. Wenn Sie bewusst an den Dingen arbeiten, die Sie kontrollieren können, um eine manische oder depressive Episode zu verhindern, können Sie vielleicht nicht alle Symptome verhindern, aber sie werden weniger schwerwiegend und das Leben leichter zu bewältigen sein.

Eye Movement Desensitization and Reprocessing Therapie

Für bipolare Patienten mit einer traumatischen Vorgeschichte kann die Augenbewegungs-Desensibilisierungs- und Wiederaufarbeitungstherapie (EMDR) von großem Nutzen für ihre Genesung sein. EMDR ist ein therapeutisches, überwachtes Programm, das von geschulten und lizenzierten Therapeuten fachkundig durchgeführt wird. Die Therapie ist darauf ausgerichtet, das Gehirn durch Augenbewegungen zu stimulieren, wenn es mit Auslösern und negativen Emotionen konfrontiert wird, die mit traumatischen Erinnerungen verbunden sind. Diese Therapie wird durchgeführt, um die Person zu desensibilisieren und den Auslöser oder die Erinnerung auf eine neue und positive Weise zu verarbeiten. Sie unterscheidet sich von der traditionellen Gesprächstherapie, bei der man über seine negativen Gefühle und Emotionen sprechen muss, indem sie diese Gefühle durch positive ersetzt.

Bei EMDR muss der Patient seine Augen auf einen sich bewegenden äußeren Reiz, z. B. den Finger des Therapeuten, richten, während er die Erinnerung und die damit verbundenen negativen Gefühle durchgeht. Die Konzentration auf die Reize während der Erinnerung an ein bestimmtes Ereignis bewirkt, dass beide Gehirnhälften stimuliert werden. Sobald das Gehirn stimuliert ist, kann der Therapeut das identifizierte negative Gefühl und den Auslöser durch ein neues ersetzen und so Ihre Gefühle bei der Erinnerung an das Ereignis verändern.

KAPITEL 8: HILFE FÜR BIPOLAR ERKRANKTE ANGEHÖRIGE

Vielleicht sind Sie nicht derjenige, der einen nicht enden wollenden Kampf mit dieser psychischen Krankheit führt. Vielleicht sind es Ihre Eltern, Ihr Ehepartner, Ihre Geschwister oder Ihr Kind. Es kann einem das Herz brechen, wenn man mit ansehen muss, wie jemand, den man liebt, mit der Realität kämpft und sich weigert, Hilfe in Anspruch zu nehmen. Der Versuch, die Schulter zum Ausweinen zu sein, während man selbst die ganze Last der Welt auf dem Rücken trägt, kann nervenaufreibend und verwirrend sein. In der Regel sind es die Familienangehörigen, die mit den Folgen der destruktiven Handlungen ihres Angehörigen während einer manischen Episode zu kämpfen haben. Sie sind auch diejenigen, die einspringen müssen, wenn ihr Ehepartner, Kind, Elternteil, Bruder oder ihre Schwester während einer depressiven Episode zu erschöpft ist, um ihre Aufgaben zu erledigen. Doch egal, was sie tun oder wie sie sich verhalten, Ihre Liebe zu ihnen ist bedingungslos. Wenn Sie sich ein wenig Zeit nehmen, um Ihren geliebten Menschen daran zu erinnern, dass Sie ihn und seine Bemühungen um Besserung unterstützen, kann das einen schwierigen Tag ein wenig erträglicher machen.

Informieren Sie sich über den Zustand

Wenn Sie sich die Zeit nehmen, so viele Informationen wie möglich über die bipolare Störung zu sammeln, kann sich Ihre Sichtweise darüber ändern, warum

Ihr geliebter Mensch sich so verhält. Mit diesen wertvollen Informationen und Recherchen sind Sie besser gerüstet, um mit den extremen Höhen und Tiefen umzugehen. Indem Sie ihnen helfen, zertifizierte Ärzte und Therapeuten zu finden, können Sie sicherstellen, dass sie die beste verfügbare Hilfe erhalten. Wenn sie eine schwierige Zeit durchmachen und sich weigern, anzurufen und einen Termin zu vereinbaren, können Sie einen Termin vereinbaren und mit ihnen hingehen. Durch Ihr einfaches Erscheinen können Sie ihnen zeigen, dass Sie sie in diesem Prozess unterstützen und dass Sie sie lieben, auch wenn sie sich im Moment nicht sehr liebenswert verhalten.

Wenn Sie sie zu ihren Terminen begleiten, können Sie dem Arzt oder Therapeuten einen besseren Einblick in ihre Fortschritte geben. Menschen mit bipolarer Störung neigen dazu, vergesslich zu sein oder nicht zu bemerken, wie schlimm ihre Symptome geworden sind, so dass der Arzt darauf angewiesen sein kann, dass die Angehörigen die Lücken ausfüllen. Ihr Angehöriger könnte Angst davor haben, dass sein Verhalten und seine Gedanken Konsequenzen haben könnten, und sich nicht sicher fühlen, seinem Therapeuten diese Informationen mitzuteilen. Die emotionale Unterstützung durch Sie kann ihm die nötige Kraft geben, seinem Arzt alles zu sagen und die erforderliche Hilfe zu bekommen.

Überwachen Sie ihre Stimmungen und verfolgen Sie ihre Fortschritte

Die Beobachtung der Stimmungen Ihrer Angehörigen und aller Veränderungen, die Sie feststellen, kann viele Vorteile bringen. Sie können erkennen, wann sie sich auf eine manische Episode vorbereiten und sich und Ihre Familie darauf vorbereiten. Mit der Zeit werden Sie feststellen können, ob die Betroffenen die Anzeichen einer manischen oder depressiven Episode zeigen oder ob sie nur wegen eines schlechten Tages launisch sind. Wenn aus einem schwierigen Tag eine schwierige Woche wird, können Sie verstärkt auf andere Anzeichen achten.

Ziel ist es, der Stimmungslage zuvorzukommen und herauszufinden, was den zusätzlichen Stress im Leben der Person verursacht. Je früher Sie das Problem erkennen, desto wahrscheinlicher ist es, dass Sie Maßnahmen ergreifen können, um eine Manie oder Depression zu verhindern oder zumindest deren Dauer und Schwere zu verringern.

Dazu gehört auch, dass Sie die Fortschritte und Rückfälle Ihres Angehörigen im Auge behalten. Wenn Sie wissen, wie weit Ihr Angehöriger seit Beginn der Behandlung gekommen ist, können Sie erkennen, wann er einen Rückfall erleidet. Rückfälle sind normal und kommen zwangsläufig vor, und sobald sie sich bemerkbar machen, ist es vielleicht an der Zeit, dass Sie den Arzt alarmieren. Wenn Ihr Angehöriger in Ihrem Beisein offensichtlich einen Rückfall erleidet, hat er wahrscheinlich schon seit einiger Zeit heimlich einen Rückfall erlitten und sich nicht getraut, etwas zu sagen. Sie bemerken vielleicht gar nicht, dass ihre Symptome außer Kontrolle geraten sind, weil diese Stimmungsschwankungen, ob groß oder klein, für Ihren Angehörigen normal sind.

Erfahren Sie mehr über ihre Medikamente und mögliche Nebenwirkungen

Es ist sehr wichtig, dass Sie sich mit den Medikamenten Ihrer Angehörigen vertraut machen und wissen, wofür sie jeweils eingesetzt werden. Manchmal wissen sie nicht, wofür die einzelnen Medikamente sind oder was sie behandeln, sie wissen nur, dass der Arzt gesagt hat, sie sollten sie nehmen, um sich besser zu fühlen. Zu wissen, welche Medikamente sie einnehmen und welche Wechselwirkungen mit anderen Medikamenten zu vermeiden sind, kann lebensrettend sein. Wenn sich Ihr Angehöriger in einer Krise befindet und ein Krankenwagen gerufen wird, können Sie den Sanitätern mitteilen, welche Medikamente er einnimmt.

Wenn Sie sich über die möglichen Nebenwirkungen der einzelnen Medikamente informieren, können Sie Ihrem Angehörigen und Ihrer Familie eine Menge Kummer und Ärger ersparen. Einige Medikamente können eine schwere manische Episode auslösen oder Halluzinationen verstärken. Manche Medikamente können dazu führen, dass sie sich extrem müde fühlen und die Augen nicht offen halten können, oder ihren Appetit so stark steigern, dass sie nicht aufhören können zu essen. Andere Medikamente können dazu führen, dass Ihr Angehöriger Selbstmordgedanken und beängstigende aufdringliche Gedanken hat. Wenn Sie wissen, worauf Sie in den ersten Monaten der Medikamenteneinnahme achten müssen, können Sie sich vor negativen Nebenwirkungen schützen. Normalerweise beginnen die Ärzte immer nur mit einem Medikament oder stellen es um, damit sie beim Auftreten von unerträglichen Nebenwirkungen die Ursache dafür herausfinden können.

Ermuntern Sie sie zur Einnahme ihrer Medikamente

Die Betonung der Wichtigkeit der Medikamenteneinnahme kann ihnen helfen, sich daran zu erinnern, dass sie die Medikamente brauchen, um mit ihren täglichen Funktionen und Fortschritten Schritt zu halten. Menschen, die wegen ihrer bipolaren Störung mit Medikamenten behandelt werden, werden sich besser fühlen und denken, dass die Medikamente ihre Wirkung entfalten, so dass sie ihre Medikamente nicht mehr einnehmen müssen. Wenn sie das Gefühl haben, dass die Medikamente nicht wirken, sieht Ihr Angehöriger möglicherweise keinen Sinn darin, die Behandlung fortzusetzen. Es kann sein, dass sie die Nebenwirkungen der Medikamente nicht ertragen können, weil sie zu schnell zunehmen oder zu müde sind, um den Tag zu überstehen. Sie würden die Medikamente lieber absetzen, als sich an ihren Arzt zu wenden und ihn zu bitten, die Dosierung zu ändern oder auf ein neues Medikamentenregime umzustellen. Erinnern Sie Ihre Angehörigen daran, dass ihre Medikamente wichtig sind, und rufen Sie ihren

Arzt an, wenn die Medikamente neu eingestellt werden müssen, um ihnen zu zeigen, dass Ihnen ihre Genesung und ihr zukünftiger Erfolg am Herzen liegen.

Erkennen von Frühsymptomen

Was aber tun Sie, bevor bei Ihren Eltern, Ihrem Ehepartner oder Ihrem Kind die Diagnose gestellt wird? Was ist, wenn sie anfangen, sich seltsam zu verhalten, auf eine Art und Weise, wie sie es noch nie zuvor getan haben? Vielleicht fängt Ihre Mutter an, lange zu schlafen oder hört ganz auf zu schlafen, und Sie finden sie oft nachts um 3 Uhr beim gründlichen Putzen des ganzen Hauses. Oder Sie stellen fest, dass Ihr Mann viel mehr redet als früher, und zwar so schnell, dass es scheint, als müsse er den ganzen Satz herausbekommen, bevor er vergisst, was er sagen wollte. Ihre Stimmung hat sich verschlechtert und sie sitzen lieber in ihrem Zimmer und machen das Licht aus, als Zeit mit der Familie zu verbringen. Vielleicht zieht sich Ihr Kind lieber zurück, als Zeit mit seinen Freunden im Einkaufszentrum oder im Park zu verbringen. Oder Ihr Bruder oder Ihre Schwester ist weinerlicher als sonst und weint, wenn Sie ihm/ihr eine einfache Frage stellen oder es/sie auf eine bestimmte Weise ansehen.

Wenn Sie die ersten Anzeichen einer Gemütskrankheit erkennen, wenn Ihr Angehöriger bereits diagnostiziert wurde, ist es wahrscheinlicher, dass Sie destruktive Verhaltensweisen verhindern können. Wenn Sie die ersten Symptome jedoch schon vor der Diagnose erkennen, können Sie Ihrem Angehörigen die nötige Hilfe verschaffen. Eine möglichst frühzeitige Behandlung kann dem Betroffenen und Ihrer Familie eine Menge Kummer ersparen und die Vernunft aller Beteiligten erhalten. Niemand möchte mit ansehen, wie sein Familienmitglied um ein erfülltes Leben kämpft. Das Erkennen der Anzeichen und die Erforschung der Gründe für das Verhalten des Betroffenen könnten der erste Schritt sein, um ihm die dringend benötigte medizinische Behandlung zu verschaffen.

Kommunizieren Sie mit ihnen

Eine gesunde Kommunikation ist in jeder Art von Beziehung wichtig. Allerdings kann es schwierig sein, mit jemandem ein Gespräch zu führen, der sich mitten in einer Manie oder einer schweren Depression befindet. Sie sind nicht in der Lage, zu verstehen, was man ihnen sagt, oder zu begreifen, warum man sich so sehr um ihre Gefühle sorgt. Selbst wenn Sie die besten Absichten haben, kann es sein, dass Ihr Familienmitglied Ihnen großen Widerstand entgegensetzt und Ihnen möglicherweise die Tür vor der Nase zuschlägt.

Der beste Zeitpunkt für ein Gespräch ist, wenn Sie merken, dass die Körpersprache des Kindes zeigt, dass es offen und ruhig ist. Wenn sie hysterisch weinen oder sich weigern, mit vor dem Körper verschränkten Armen auf Sie zu reagieren, ist dies möglicherweise nicht der beste Zeitpunkt für ein Gespräch. Warten Sie, bis sie entspannt wirken, und sprechen Sie dann ruhig mit ihnen. Teilen Sie Ihren Angehörigen die Anzeichen mit, die Ihnen aufgefallen sind, und fragen Sie sie, ob es ihnen gut geht oder ob sie darüber sprechen möchten. Wenn sie offen und bereit sind, über ihre Symptome zu sprechen, können Sie die Schritte besprechen, die sie unternehmen müssen, um Hilfe zu bekommen, damit sie sich nicht mehr so fühlen. Je früher sie sich Hilfe holen, desto besser werden ihre Fortschritte sein. Wenn Sie darauf warten, dass es ihnen von selbst besser geht, werden die Symptome nur noch schlimmer, länger anhalten und destruktiver werden.

Seien Sie nicht überrascht, wenn Ihr Angehöriger zögert oder sich weigert, sich in ärztliche Behandlung zu begeben. Ihr Angehöriger könnte Ihnen sagen, dass ihm nichts fehlt und er sich großartig fühlt, was ein häufiges Gefühl während einer manischen Episode ist. Sie könnten sagen, dass eine Behandlung zu viel Arbeit bedeutet und dass sie zu erschöpft sind, um überhaupt daran zu denken, sich in einer depressiven Phase behandeln zu lassen. Ihr Familienmitglied könnte sich sogar davor fürchten, Hilfe zu suchen. Was, wenn sie etwas Falsches sagen oder so verrückt sind, dass sie in eine psychiatrische Anstalt eingesperrt werden, weit weg von ihrer Familie und ihren Freunden? Wird der Therapeut denken, dass sie ihre

Symptome nur vortäuschen, weil sie die Aufmerksamkeit mögen? Was, wenn sie sich nur so verhalten, weil sie wollen, dass man Mitleid mit ihnen hat? Wenn man sie daran erinnert, dass ihre Ängste und Gefühle berechtigt sind, fühlen sie sich angehört.

Lassen Sie sie wissen, dass ihre Krankheit oder ihr Zustand nicht weniger schwerwiegend ist als ein Zustand, den sie im Spiegel sehen können, auch wenn Sie ihn nicht physisch sehen können. Nur weil Ihr Familienmitglied dieses Konzept im Moment vielleicht nicht versteht, heißt das nicht, dass es nicht eines Tages in naher Zukunft "klick" machen wird und es endlich verstehen wird, warum es wichtig ist, sich um seine psychische Gesundheit zu kümmern.

Emotionale Unterstützung anbieten

Ein gesundes Gespräch mit Ihrem Familienmitglied über seine Symptome und die Suche nach einer Behandlung ist der erste Schritt zum Aufbau eines großartigen emotionalen Unterstützungssystems um ihn herum. Bei einer bipolaren Störung haben die Betroffenen oft das Gefühl, dass sie für die Menschen, die sie am meisten lieben, eine Last sind. Wenn Sie alles in Ihrer Macht Stehende tun, um ihnen zu zeigen, dass dies weit von der Wahrheit entfernt ist, erinnert Sie das daran, dass sie nicht allein sind und dass sie sehr geliebt werden.

Nehmen Sie sich Zeit für Qualitätszeit

Am Anfang kann es schwierig sein, Zeit für den geliebten Menschen zu finden. Menschen mit bipolarer Störung haben oft das Bedürfnis, sich zu isolieren, wenn sie deprimiert sind, und fühlen sich schuldig, weil sie andere Menschen ihrer großen Traurigkeit aussetzen. Manchmal muss man nicht einmal mit ihnen sprechen. Wenn Sie sich einfach zu ihnen auf die Couch setzen, während sie ihren

Lieblingsfilm sehen, zeigt das ihnen, dass Sie sich um sie kümmern, und sie fühlen sich in Ihrer Gegenwart wohler. Je wohler sich Ihr Familienmitglied bei Ihnen fühlt, desto eher wird es bereit sein, mit Ihnen zu sprechen, wenn es dazu bereit ist
.

Finden Sie andere Möglichkeiten, um ihre Vertrautheit mit Ihnen zu erhöhen. Gehen Sie täglich mit ihnen spazieren, wenn sie eine manische Episode haben, damit sie etwas zusätzliche Energie abbauen können. Sie könnten anfangen, gemeinsam Yoga zu machen, damit Sie beide von der Entspannung und Achtsamkeit profitieren können, die es vermittelt. Versuchen Sie, ihre früheren Lieblingsbeschäftigungen langsam wieder in ihr Leben zu integrieren und selbst daran teilzunehmen. Seien Sie nicht überrascht, wenn sie sich anfangs dagegen sträuben, Zeit mit Ihnen zu verbringen, aber geben Sie nicht auf. Versuchen Sie es einfach weiter und erinnern Sie sie daran, dass Sie immer für sie da sind, wenn sie bereit sind, Zeit mit Ihnen zu verbringen.

Wege finden, um ihr Stressniveau zu reduzieren

Helfen Sie Ihren Angehörigen, neue und innovative Wege zu finden, um ihren Stress zu reduzieren. Ein hoher Stresspegel ist eine Schlüsselkomponente für den Beginn einer Stimmungsstörung. Die Angst vor einem bevorstehenden Termin oder die Aufregung über ein traumatisches Ereignis kann den Stress erhöhen, und die Symptome werden für die Menschen, die sie täglich sehen, deutlicher. Wenn sie effektivere Wege finden, ihren täglichen Stress zu reduzieren, haben sie bessere Chancen, mit ihren Symptomen umzugehen, wenn größere Ereignisse eintreten.

Wenn Sie gemeinsam mit Ihrem Familienmitglied einen Tagesplan aufstellen, der überschaubar und realisierbar ist, wird sein Tag berechenbarer. Sie finden es vielleicht sogar besser, wenn die ganze Familie einen Tagesplan hat. Die Vorhersehbarkeit eines Routineplans nimmt den Stress, nicht zu wissen, was an diesem Tag oder für den Rest der Woche passiert. Mit einem zugänglichen Monatsplan, der die Termine und anstehenden Ereignisse für jeden im Haushalt aufführt, können sie sehen, was los ist, und sich auf das vorbereiten, was in der Zukunft ansteht.

Wenn Sie unter der Woche eine Zeit haben, in der Sie immer verfügbar sind, könnten Sie sich bereit erklären, ihnen bei einigen Aufgaben oder Besorgungen zu helfen, die sie erledigen müssen. Vielleicht zögern sie zunächst, weil sie Ihre Zeit nicht vergeuden oder Ihnen nicht zur Last fallen wollen, aber mit der Zeit werden sie es eher akzeptieren, wenn sie sehen, dass Sie versuchen, ihnen zu helfen. Wenn Sie ihnen anbieten, ihnen beim Aufräumen ihres Zimmers zu helfen oder in der Stadt Besorgungen zu machen, können Sie ihnen die Gesellschaft bieten, die sie sich insgeheim wünschen, während sie ihren Pflichten nachkommen.

Helfen Sie Ihrem Angehörigen, ein neues entspannendes und produktives Hobby zu finden, das Sie gemeinsam mit ihm ausüben können. Die Erfüllung eines neuen Interesses kann dazu beitragen, die Stimmung zu heben und Trost zu finden, wenn sie daran teilnehmen. Hobbys wie Spaziergänge in der Natur oder Malen können ein anregender und kreativer Weg sein, um unangenehme Gefühle zu verarbeiten. Sie könnten ein verborgenes Talent haben, von dem sie nichts wussten, und wenn sie etwas finden, in dem sie gut sind, kann das ihr Selbstwertgefühl und ihr Selbstvertrauen stärken.

Ruhig und zufrieden bleiben bei emotionalen Ausbrüchen

Es kann einem das Herz brechen, wenn man mit ansehen muss, wie jemand, den man liebt, einen emotionalen Ausbruch hat. Man hat das Gefühl, dass man über die erhobene Stimme hinweg schreien muss, damit derjenige hören und verstehen kann, was man zu sagen versucht, als ob ein lauteres Geräusch ihn plötzlich beruhigen würde. Es mag zu diesem Zeitpunkt eine gute Idee sein, alles, was der andere sagt, zu diskutieren oder zu bestreiten, aber Ihre überwältigenden Emotionen vernebeln Ihr Urteilsvermögen und wühlen den anderen noch mehr auf. Mit jemandem während eines Gefühlsausbruchs zu streiten ist kontraproduktiv und schadet mehr als es nützt.

Menschen mit bipolarer Störung können wütend werden, wenn man sie mit ihrem Verhalten konfrontiert oder sie auffordert, sich behandeln zu lassen. Sie schreien, werfen mit Gegenständen und drohen damit, sich selbst oder anderen Schaden zuzufügen. Sie wollen eine Reaktion von Ihnen erhalten, weil Sie sie so wütend gemacht haben. Während der emotionalen Ausbrüche Ihres Angehörigen ruhig zu bleiben, kann unmöglich erscheinen, wenn er Sie mit Obszönitäten beschimpft oder Sie auf jede erdenkliche Weise erniedrigt. Denken Sie daran, dass das Ziel darin besteht, den Betroffenen dazu zu bringen, sich zu beruhigen und vernünftig zu denken, damit Sie ein sinnvolles Gespräch mit ihm führen können. Wenn Sie wütend oder unzufrieden werden und sich den Ausbrüchen anschließen, entfernen Sie sich nur noch weiter von diesem Ziel.

Wenn sie anfangen, ihre Stimme zu erheben und ihrem Frust Luft zu machen, setzen Sie sich einfach hin und hören zu. Bestätigen Sie, was sie sagen, indem Sie mit dem Kopf nicken, und lassen Sie sie weitermachen, bis sie alles gesagt haben. Reagieren Sie nicht, es sei denn, sie fragen Sie nach Ihrer Meinung, sonst könnte es so aussehen, als würden Sie ihre Gefühle oder Emotionen herausfordern. Bleiben Sie ruhig und hören Sie ihnen zu, damit sie sich gehört und verstanden fühlen. Sobald sie merken, dass Sie sich nicht in den Wahnsinn hineinsteigern und sich ihre Beschwerden tatsächlich anhören, werden sie sich beruhigen und erkennen, dass es für sie keinen Grund gibt, mit ihren Ausbrüchen fortzufahren. Sie werden versucht sein, Ihre Gefühle zu zeigen, aber kämpfen Sie gegen diese Versuchung an und erinnern Sie sich daran, dass dies nur zu ihrem Besten ist. Wenn Sie es zulassen, dass es seine aufgestauten Emotionen loslässt, kann es sich in Ruhe sammeln und Ihnen schließlich zuhören. Wenn sie sich schließlich beruhigt haben, können Sie beide damit beginnen, auf positive Ergebnisse hinzuarbeiten. Wenn sie jedoch zu feindselig werden und keine Anzeichen einer Beruhigung zeigen, sollten Sie keine Angst haben und sich nicht schuldig fühlen, wenn Sie den Notdienst rufen.

Bereiten Sie sich auf zerstörerische Verhaltensweisen vor

Der erste Schritt zu jeglichem Erfolg ist die Vorbereitung. Die Vorbereitung auf die Zerstörung mag nicht als Erfolg erscheinen, aber die Vorbereitung auf die Auswirkungen des destruktiven Verhaltens Ihres Angehörigen bedeutet, dass Sie wissen, was zu tun ist, wenn die Dinge schief laufen. Es ist Ihre Entscheidung, ob Sie Ihren Angehörigen in diesen Plan einbeziehen, aber wenn Sie ihn im Unklaren lassen, könnte er Ihnen und anderen Familienmitgliedern gegenüber misstrauisch werden. Stellen Sie mit allen beteiligten Familienmitgliedern einen detaillierten Plan auf, was zu tun ist, wenn Sie bemerken, dass Ihr Angehöriger destruktive Verhaltensweisen an den Tag legt.

Wenn der detaillierte Plan erstellt ist, vereinbaren Sie mit der Person, während sie klar und vernünftig denkt, was passieren wird, wenn ihre Symptome wieder aufflammen. Sagen Sie der Person klar und deutlich, was Sie tun werden, z. B. dass Sie ihre Schlüssel und ihre Kreditkarten an sich nehmen oder dass Sie in ihrem Namen den Arzt anrufen und ihn über die Situation informieren werden. Wenn es für diese Person zutrifft, werden Sie vielleicht auch die Finanzen der Familie übernehmen. Der Grund dafür, dass Sie wollen, dass Ihr Familienmitglied rational denkt, wenn Sie diese Vereinbarung treffen, ist, dass Sie nicht wollen, dass es denkt, dass es für eine psychische Krankheit bestraft wird, auf die es keinen Einfluss hat. Sie tun dies zu ihrem Besten, damit sie sich selbst oder anderen dabei nicht schaden.

Erstellen Sie einen Krisenmanagementplan

Niemand möchte glauben, dass er einen Plan für den Katastrophenfall braucht, aber wenn Sie auf eine Krise vorbereitet sind, können Sie Ihrem Angehörigen schnell und effektiv helfen. Während Sie sich auf die destruktiven Verhaltensweisen Ihres Angehörigen vorbereiten, sollten Sie auch einen Plan erstellen, was zu tun ist, wenn er sich mitten in einer Krise befindet. Wenn Sie genau wissen, was in diesem Moment zu tun ist, können Sie rational statt emotional reagieren. Erstellen Sie eine Liste mit allen Ärzten und Therapeuten Ihres Familienmitglieds und deren Telefonnummern, damit diese im Notfall angerufen werden können. Bringen Sie die Liste an einem Ort an, an dem sie jederzeit einsehbar ist - zum Beispiel am Kühlschrank. Das Letzte, was Sie tun möchten, wenn die Zeit drängt, ist, im ganzen Haus nach der Liste mit den Telefonnummern zu suchen. Wenn die Liste jederzeit sichtbar ist, kann die Person den Anruf auch selbst tätigen, wenn sie allein zu Hause ist.

Wir können nicht jede Sekunde des Tages bei unseren Liebsten sein, und irgendwann müssen sie das Haus allein verlassen. Eine Liste mit ihren Ärzten, Krankenschwestern, Medikamenten und möglichen Allergien, die sie in ihrem Portemonnaie oder ihrer Handtasche aufbewahren können, wird sich als wertvoll erweisen, wenn sie einen schweren Anfall haben, während sie in der Öffentlichkeit sind. Wenn sie ins Krankenhaus eingeliefert werden müssen oder ein Krankenwagen gerufen wird, weiß der Arzt oder Sanitäter genau, an wen er sich wenden muss, um medizinische Informationen und Diagnosen zu erhalten. Die Liste der verschriebenen Medikamente und Allergien gibt dem Arzt Aufschluss darüber, womit er es zu tun hat, und verringert die Möglichkeit einer unerwünschten Arzneimittelwechselwirkung.

Und schließlich, aber am wichtigsten, sollten Sie wissen, wann Sie Hilfe holen müssen. Wenn Ihr Angehöriger selbstmordgefährdet ist oder eine Gefahr für Sie und Ihre Familie darstellt, versuchen Sie nicht, die Situation allein zu bewältigen. Rufen Sie sofort den Notdienst und lassen Sie ihn sich darum kümmern. Sie wollen vor allem, dass Ihr Angehöriger in Sicherheit ist. Fühlen Sie sich nicht schuldig, wenn Sie anrufen, wenn Sie das Gefühl haben, dass Sie es müssen.

Seien Sie geduldig mit ihrem Genesungsprozess

Selbst wenn Ihr Angehöriger sich voll und ganz für seine Genesung einsetzt, wird es immer wieder zu Rückfällen kommen. Die Behandlung ist ein Prozess von Versuch und Irrtum, d. h. Medikamente, die anfangs gut wirkten, können mit der Zeit ihre Wirksamkeit verlieren. Die Verschreibung eines bestimmten Medikaments zur Linderung der Symptome bedeutet nicht immer, dass dieses spezifische Medikament auch wirklich wirkt. Nur weil eine bestimmte Forschungsarbeit oder wissenschaftliche Studie zeigt, dass sich die Symptome bei 95 % der Patienten verbessert haben, heißt das nicht, dass Ihr Familienmitglied nicht zu den 5 % gehören kann, bei denen keine Besserung eintritt.

Die Genesung ist etwas, das man Tag für Tag angehen muss. An manchen Tagen wird es erstaunlich sein und Ihr geliebter Mensch wird sich genauso verhalten wie vor dem Auftreten der Symptome, aber an manchen Tagen kann es so aussehen, als wäre es das Ende der Welt, wenn die Symptome eskalieren. Denken Sie jedoch daran, dass dies nicht das Ende der Welt ist. Es bedeutet lediglich, dass der Behandlungsplan angepasst oder das Medikament gegen ein neues ausgetauscht werden muss. Eine Behandlung ist keine schnelle Lösung für eine lebenslange Erkrankung, also seien Sie geduldig und lassen Sie sich auf die Entwicklung ein.

Unterstützend sein

Die Unterstützung Ihres Familienmitglieds in all seinen guten und schlechten Tagen und während seiner Behandlung kann sich positiv auf seine Genesung auswirken. Jemand, der an einer bipolaren Störung leidet und in einem Haushalt voller unterstützender Familienmitglieder lebt, wird weniger Stress und weniger Stimmungsschübe erleben. Die volle Unterstützung wird eine manische oder depressive Episode nicht verhindern, aber die Symptome werden abgemildert.

Wenn sie die volle Unterstützung ihrer Familie spüren, fühlen sie sich wohler, wenn sie über ihre Symptome und ihre Gefühle sprechen.

Akzeptiert sein

Um die Genesung eines geliebten Menschen zu unterstützen, ist es notwendig, seine Diagnose zu akzeptieren. Zu wissen und anzuerkennen, dass das Leben von Ihnen und Ihrer gesamten Familie nicht mehr so sein wird wie früher, und diese Tatsache zu akzeptieren, ist der erste Schritt zur Unterstützung. Wenn Sie die Tatsache akzeptieren, dass es gute und schlechte Tage gibt und dass die Behandlung nicht immer ein direkter Weg zur Genesung ist, wird sich Ihre Sichtweise auf das, was Ihre neue Normalität sein wird, ändern.

Akzeptieren Sie die Grenzen Ihres geliebten Menschen

Akzeptieren Sie an ihren schlechten Tagen die Tatsache, dass sie sich nicht einfach freiwillig aus ihrer Manie oder Depression herausziehen können. Akzeptieren Sie, dass sie ihre Emotionen nicht immer kontrollieren können und dass sie nicht wissen, wann sie einen Anfall haben werden. Stattdessen können Sie sie ermutigen, alternative Wege zur Bewältigung ihrer Symptome zu nutzen. Treiben Sie mit ihnen Sport, um den Serotoninspiegel zu erhöhen. Sorgen Sie für einen geregelten Schlafrhythmus und stellen Sie sicher, dass die Betroffenen jede Nacht zur gleichen Zeit einschlafen und aufwachen. Erinnern Sie sie daran und helfen Sie ihnen vielleicht, ihr Zimmer und ihr Haus sauber zu halten. Eine chaotische Umgebung führt zu einem chaotischen Geist, daher kann eine saubere und organisierte Umgebung dazu beitragen, dass die Gedanken des Kindes in die gleiche Richtung gehen.

Akzeptieren Sie Ihre eigenen Grenzen

Jeder hat seine Grenzen, auch Sie. Lassen Sie sich nicht einreden, dass der Erfolg der Behandlung Ihres Angehörigen allein von Ihnen abhängt. Es ist ihre Aufgabe und ihre Verantwortung, sich um die Genesung zu bemühen, nicht Ihre. Machen Sie es nicht zu Ihrer alleinigen Aufgabe, sie jedes Mal zu retten, wenn sie in einer Krise stecken. Es sei denn, es handelt sich um Ihren Ehepartner oder Ihr Kind, dann gibt es andere Personen, die ihnen innerhalb Ihrer Familie helfen können. Wenn Sie zusätzlich zu Ihren eigenen Aufgaben ständig die gesamte Verantwortung für die Genesung der Betroffenen übernehmen, können Sie sehr schnell ausbrennen.

Wenn Sie zusätzliche Verantwortung übernehmen, können Sie sich ausgelaugt fühlen und Ihre geistige und körperliche Gesundheit schädigen. Wenn Sie das Gefühl haben, dass der Stress, der mit der Pflege eines geliebten Menschen verbunden ist, zu groß wird, sollten Sie sich nicht scheuen, selbst Hilfe zu suchen. Sie können nicht aus einem leeren Becher einschenken, also denken Sie daran, auch Ihrer geistigen und körperlichen Gesundheit Priorität einzuräumen.

Konzentrieren Sie sich auch auf Ihr Leben

Sie müssen sich auf Ihr eigenes Leben konzentrieren und sich erlauben, an erster Stelle zu stehen. Scheuen Sie sich nicht, Ihrem geliebten Menschen und Ihrer Familie gegenüber Grenzen zu setzen. Sagen Sie ruhig "nein", wenn Sie keine Zeit haben, etwas für sie zu tun, weil Sie bereits Verpflichtungen oder Pläne haben. Sie dürfen Ihr eigenes Leben führen, auch wenn Ihr Kind oder Ihr Ehepartner psychisch erkrankt ist, aber das bedeutet nicht, dass Sie sie immer in den Mittelpunkt stellen müssen.

Die Rolle des Pflegers kann eine Menge Stress in Ihr Leben bringen. Wenn Sie sicherstellen, dass Sie Ihren eigenen Stress in den Griff bekommen, während Sie versuchen, Ihrem Angehörigen zu helfen, seinen Stress zu reduzieren, können Sie verhindern, dass Sie überlastet und mit Ihren neuen Aufgaben überfordert werden. Es ist kein Verbrechen, sich Zeit zu nehmen, um allein zu sein und seine Gedanken zu sammeln, auch wenn es nur ein paar Augenblicke sind, und Sie sollten sich deswegen nicht schuldig fühlen.

KAPITEL 9: MÖGLICHKEITEN ZUR VORBEUGUNG KÜNFTIGER STIMMUNGSSCHWANKUNGEN

Das bewusste Ergreifen von Maßnahmen, die möglicherweise eine Stimmungsstörung verhindern oder abmildern können, kann die Behandlung erleichtern und erfolgreicher machen. Schon die Suche nach Hilfe und verschiedenen Behandlungsformen sind Schritte, um Ihr Leben wieder in den Griff zu bekommen. Sich bei einer Krankheit, die jeden Aspekt Ihres Lebens ernsthaft beeinträchtigen kann, Hilfe zu holen, egal ob es sich um eine körperliche oder psychische Krankheit handelt, ist nichts, wofür man sich schämen muss, sondern sollte gefeiert werden. Es zeigt, dass Sie sich selbst genug lieben, um zu versuchen, gesund zu werden, und dass Sie tief in Ihrem Inneren wissen, dass Sie es verdienen, glücklich zu sein.

So schnell wie möglich eine Behandlung finden

Ich bin sicher, dass Sie inzwischen gesehen haben, wie schädlich eine unbehandelte bipolare Störung für Ihr Leben, Ihren Beruf, Ihren Ruf und Ihre Beziehungen sein kann. Leider funktioniert es nicht, wenn Sie sich einfach wünschen, dass Ihre Symptome von alleine verschwinden würden. Deshalb ist es für alle Aspekte Ihres Lebens so wichtig, so schnell wie möglich eine Behandlung zu finden. Der Versuch, alle Symptome mit Selbstbeherrschung und Willenskraft in den Griff zu bekommen, bringt nichts, wenn Sie an manchen Tagen nicht einmal die Kraft haben, zu baden. Eine Behandlung kann Ihnen dabei helfen, Ihr Leben wieder in den Griff zu bekommen, wenn es Ihnen besser geht.

Einen regelmäßigen Schlafrhythmus einhalten

Ein erhebliches Schlafdefizit, auch nur für eine Nacht, kann eine manische oder depressive Episode auslösen. Versuchen Sie, einen überschaubaren Schlafplan zu erstellen, der es Ihnen ermöglicht, jeden Tag zur gleichen Zeit einzuschlafen und aufzuwachen. Manchmal muss Ihr Schlafrhythmus aufgrund von beruflichen Verpflichtungen oder einer geplanten Nacht angepasst werden, aber achten Sie darauf, dass Sie mindestens acht Stunden Schlaf pro Nacht bekommen, damit Sie sich nach dem Aufwachen konzentriert und erfrischt fühlen.

Wenn Sie Ihr Zimmer sauber und gemütlich halten, können Sie nachts gut schlafen. Wenn Sie in einem sauberen Zimmer aufwachen, können Sie den Tag mit guter Laune und guter Laune beginnen. Wenn Sie in einem Schlafzimmer aufwachen, das aussieht, als wäre es von einer Atombombe getroffen worden, werden Sie sich sofort gereizt fühlen und einfach weiterschlafen wollen, damit Sie sich nicht damit auseinandersetzen müssen.

Versuchen Sie, mindestens eine Stunde vor dem Schlafengehen auf Bildschirme zu verzichten; dazu gehören Fernseher, Laptops und Handys. Das blaue Licht, das von den Bildschirmen ausgestrahlt wird, stimuliert Ihr Gehirn und erschwert es Ihnen, Ihre Gedanken zu entspannen und einzuschlafen. Auch stressige Situationen, wie das Ansehen der Nachrichten oder ein Streit, können das Einschlafen erschweren. Sie werden feststellen, dass Ihre Gedanken rasen, wenn Sie darüber nachdenken, was Sie während des Streits hätten sagen sollen, oder über das traumatische Ereignis, das Sie in den Abendnachrichten gesehen haben; dabei sollten sich Ihre Gedanken verlangsamen, damit Sie einschlafen können.

Achten Sie auf Warnzeichen

Achten Sie auf die Warnzeichen, mit denen Sie vertraut sind, bevor eine Stimmungsschwankung einsetzt. Wenn Sie bemerken, dass Ihre Symptome wieder aufgetreten sind und welche Veränderungen sie ausgelöst haben könnten, können Sie Ihre Aufmerksamkeit auf andere mögliche manische oder schwere depressive Symptome lenken. Wenn die roten Fahnen einer bevorstehenden Episode auftauchen, können Sie Ihre Familie und Freunde warnen, damit sie ein wachsames Auge auf Sie haben. Sie können sich dann an Ihren Therapeuten oder Arzt wenden und fragen, was er Ihnen raten kann.

Vermeiden Sie Drogen und Alkohol

Der Verzicht auf Drogen und Alkohol ist eine gute Empfehlung für alle Menschen, aber bei Menschen mit bipolaren Störungen können sich die Symptome verschlimmern, wenn sie diese Substanzen missbrauchen. Sie machen möglicherweise nicht die gleichen Erfahrungen wie andere Menschen, wenn sie Alkohol trinken oder Drogen missbrauchen. Sie können sich mehr zurückziehen oder voller Wut sein. Ihre Symptome werden sich weiter verschlimmern, und die Dauer Ihrer Anfälle wird länger dauern und häufiger auftreten. Drogen und Alkohol können mit Ihren Medikamenten in Wechselwirkung treten und dazu führen, dass Sie sehr krank werden, und in einigen Fällen ist der Tod eine Nebenwirkung dieser Wechselwirkung. Die Vermischung von Drogen oder Alkohol mit Ihren Medikamenten kann auch dazu führen, dass sie unwirksam werden.

Nehmen Sie Ihre Medikamente wie vorgeschrieben ein

Wenn Sie Ihr Medikament nach Anweisung Ihres Arztes einnehmen, bedeutet dies, dass Sie nicht mehr einnehmen, als Sie sollten, und dass Sie die Einnahme nicht ohne Aufsicht abbrechen. Die Einnahme von mehr Medikamenten als verschrieben kann zu einer Überdosierung oder einer schweren manischen Episode und möglicherweise zu einem psychotischen Ausbruch aus der Realität führen. Eine schwere Episode oder ein psychotischer Ausbruch kann dazu führen, dass Sie tagelang in der Psychiatrie unter Selbstmordbeobachtung stehen - eine Angst, die die meisten psychisch kranken Menschen bereits kennen. Die Einnahme weiterer Medikamente ohne den Rat Ihres Arztes wird nicht dazu führen, dass Sie sich besser fühlen.

Die Entscheidung, die Einnahme von Medikamenten abrupt zu beenden, ist mit einer Reihe von Problemen verbunden. Sobald Sie sich besser fühlen und Ihre Symptome beherrschbar sind, werden Sie versucht sein, die Einnahme zu beenden. Sie werden vergessen, warum Sie die Medikamente überhaupt eingenommen haben, wo Sie sich doch jetzt so viel glücklicher und gesünder fühlen. Ihre Fortschritte sind größtenteils auf Ihre Medikamente zurückzuführen, und Sie müssen sie immer noch einnehmen, damit Sie sich weiterhin besser fühlen und in Ihrer Genesung Fortschritte machen können. Wenn Sie sie absetzen, werden Ihre Symptome zweifellos wieder auftreten, und zwar möglicherweise stärker als zuvor. Bei bestimmten Medikamenten werden Sie einen Entzug durchmachen, als ob Sie von harten Drogen loskommen würden. Wenn Sie das Gefühl haben, dass Ihre Medikamente nicht wirken, wenden Sie sich direkt an Ihren Arzt, anstatt die Behandlung selbst in die Hand zu nehmen. Er kann Sie langsam vom Medikament absetzen und es durch ein neues ersetzen.

Manche Menschen haben das Bedürfnis, ihre Medikamente nur für eine Nacht abzusetzen, um diese manische Energie zu haben, während sie sich abmühen, ein Projekt zu beenden oder für ihre Prüfungen zu lernen. Andere Menschen vermissen einfach die Freude daran, so viel Energie zu haben und wie viel sie in kurzer Zeit erreichen konnten. Die Entscheidung, Ihre Medikamente auch nur einen Tag lang nicht einzunehmen, kann Ihre gesamte Behandlung durcheinander bringen und der Beginn eines schweren Anfalls sein. Sie werden die vertrauten Gefühle der Manie als euphorisch empfinden und vielleicht glauben, dass Sie Ihre Medikamente nicht mehr brauchen, während Sie langsam in Ihr altes Verhalten zurückfallen. Eine konsequente tägliche Medikamenteneinnahme wird dazu beitragen, eine mögliche Stimmungsschwankung zu verhindern und zu verhindern, dass Sie zu den destruktiven Verhaltensweisen von früher zurückkehren.

Sie werden ständig mit Ihrer Geisteskrankheit kämpfen müssen, wenn sie Ihnen sagt, dass es Ihnen gut geht und Sie keine Medikamente brauchen, aber glauben Sie ihr nicht. Das ist es, was psychische Krankheiten tun, das ist ihre Aufgabe. Sie bringen dich dazu, dich selbst und deine Mitmenschen in Frage zu stellen und die Motive für deine Behandlung zu hinterfragen. Sie beeinträchtigen Ihre Fähigkeit, klar und rational zu denken, und sie verzerren Ihre Überzeugungen so, dass sie Ihre größten Ängste widerspiegeln.

SCHLUSSFOLGERUNG

Ich hoffe, dass Ihnen dieser Leitfaden zur bipolaren Störung ein wertvoller Begleiter auf Ihrem Weg zur Genesung ist. Zu wissen, den Unterschied zwischen den einzelnen Arten von bipolaren und was sie alle in Bezug auf die Symptome kann Ihnen eine neue Perspektive auf, was Sie oder Ihre geliebten Menschen ist der Umgang mit auf einer täglichen Basis.

Wenn Sie erfahren, wie die bipolare Störung behandelt wird und welche alternativen Möglichkeiten es gibt, Ihre Symptome zu Hause zu behandeln, erhalten Sie das nötige Rüstzeug, um voranzukommen und Ihr geistiges und emotionales Wohlbefinden zu verbessern.

Wenn Sie sich daran erinnern, Ihren Angehörigen emotional und körperlich zu unterstützen, während er hart daran arbeitet, wieder gesund zu werden, kann das neue Möglichkeiten für Ihre Kommunikation und Ihre Beziehung zu ihm eröffnen.

Die Tipps und Techniken, die Sie erhalten haben, um künftigen manischen und depressiven Episoden vorzubeugen, werden vielleicht nicht immer funktionieren, aber sie werden es Ihnen ermöglichen, sich Ihrer sich verschlimmernden Symptome viel bewusster zu werden und besser darauf vorbereitet zu sein, die Hilfe zu bekommen, die Sie brauchen, sobald Sie sie brauchen.

www.ingramcontent.com/pod-product-compliance
Lightning Source LLC
Chambersburg PA
CBHW070940120626
46546CB00004B/1486